一本书读懂
业财融合

周朝林　方文◎著

中国商业出版社

图书在版编目（CIP）数据

一本书读懂业财融合 / 周朝林, 方文著. -- 北京：中国商业出版社, 2024.2
ISBN 978-7-5208-2867-3

Ⅰ.①一… Ⅱ.①周… ②方… Ⅲ.①企业管理—财务管理 Ⅳ.①F275

中国国家版本馆CIP数据核字(2024)第004683号

责任编辑：郑　静
策划编辑：刘万庆

中国商业出版社出版发行
（www.zgsycb.com　100053　北京广安门内报国寺1号）
总编室：010-63180647　　编辑室：010-83118925
发行部：010 83120835/8286
新华书店经销
香河县宏润印刷有限公司印刷
*
710毫米×1000毫米　16开　14.5印张　160千字
2024年2月第1版　2024年2月第1次印刷
定价：68.00元
****
（如有印装质量问题可更换）

推荐序一

周朝林先生从事企业实操二十来年,从企业基层一路做到企业营销总裁、运营总裁、财务总监和企业集团总裁。周朝林先生对企业各个部门的运作了如指掌,特别是在企业股权矩阵设计、项目孵化、投融资领域具有丰富的经验和独特的见解,帮助许多中小企业建立业财融合一体化内控管理系统,取得了显著成效。周朝林先生的理论是以财务战略规划设计为最终目标,反推设计业务模式和盈利模式,再通过业务模式,反推设计管理架构,从而搭建起一套符合企业融资、符合企业上市的业财融合一体化内控系统,最终实现把企业做得更值钱的宗旨。

本人有幸提前拜读了周朝林先生的新作《一本书读懂业财融合》,该书用通俗易懂的语言,将业财融合一体化内控系统的构建路径进行了详细、透彻的分析,易于企业人员理解和执行落地。其中,周朝林、方文先生特别对业财融合一体化内控系统的思维体系做了全面梳理,从企业基本面存在的问题,到问题的根源,再到解决问题的路径,都给出了明确的思路和方法。此外,书中还提供了国内顶级企业业财融合的成功案例供读者借鉴。总之,该书非常值得中小企业主和高层管理者阅读,而且对财经类从业者也非常有价值。

陈 展

深圳农发农业科技集团有限公司 总裁

推荐序二

时至今日，企业的经营环境变得越来越复杂和竞争激烈。在这样的背景下，简单的财务管理已经远远不能满足企业的需求。为了保持竞争力和可持续发展，我们中小企业迫切需要更加全面和深入地理解与运用股权设计、财务模型及业务模型在业财融合中的相互赋能。有幸拜读了周朝林、方文先生的《一本书读懂业财融合》，深受启发，书中提供了许多新思路，如财务赋能业务、业务支撑财务数据、融资与业务双线发展。而且，书中对于搭建业财系统也提供了清晰的思路和方法，提升到了企业战略层面——业财融合，让企业更值钱。本书非常适合企业高层管理者或中小企业主数字化转型升级研读。

胡 浩

深圳新思维控股有限公司 董事长

序言一

让业务服务于财务，让财务为业务赋能

在当今的商业世界，业务和财务之间的相互关系日益复杂，且在企业的成功与否中扮演着至关重要的角色。

在企业经营的任何阶段，业务和财务都是不可分割的两个领域。业务是财务的基础，为企业创造收入和利润；财务是业务的支撑，为企业提供资金和资源等方面的保障。在市场竞争日益激烈的今天，企业必须充分认识到业财融合的重要性，才能在日益严峻的市场环境中立于不败之地。

要建立业财融合的认知，必须坚决彻底地破除传统业务与财务之间只限于成本控制和财务报告的关系。财务部门不应被视为成本中心，也不再只是负责核算财务数据和报告利润与损失。业务部门也不应只顾着追求销售业绩增长和市场份额，而对财务部门和财务数据不做关注或仅做有限关注。这种业财分离的企业经营模式已经不再适用于现代企业。

当下，随着全球化、数字化的不断深入和推进，企业市场竞争加剧，新兴商业模式不断涌现，企业也面临着更多、更大的商业风险和机会。在这种风云变幻的市场环境下，企业要实现经营的成功，其业务和财务的融合成为关键因素。在这样的市场条件下，企业的业务和财务只有建立起更紧密的合作关系，才能更好地应对各种新的挑战和机遇。

现代企业经营环境的多变和业务关系的复杂化，使得业务与财务之间的关系更加紧密和凸显。财务部门成为企业战略的支持者和深层推动者，业务部门也越来越需要财务的支持，以实现创新、增长和可持续性目标。

业务部门须同时意识到，业务活动会影响企业的财务状况，并积极参与成本控制和资源分配的过程，因此业务部门应及时了解企业的财务数据、财务目标及约束，以便在开发新项目或拓展新业务时做出明智的决策。

企业的各种业务活动和业务流程的展开，如采购、生产、仓储、销售、运营等都需要考虑财务状况和财务决策，如财务规划、预算编制、成本控制、财务报告和分析等工作，以确保企业能够有效管理和监控资金流动、利润和支出。

业务服务于财务的概念强调了财务部门在企业中的关键作用，业务部门需要全力配合财务部门，以确保财务目标和财务战略得到实施和支持。同时，业务部门也需要理解和遵守财务政策与财务程序，以保持企业的财务健康。

与业务服务于财务同时并立的，是财务不仅需要对业务提供资金支持，还应该为业务提供更全面的赋能。通过实现财务数字化、构建财务管理系统等方式，财务部门可以为业务提供更加及时、准确的数据分析，帮助业务部门更好地了解市场趋势和消费者需求。此外，财务部门还可以通过风险管理和内部控制等手段，提高业务部门的效率和质量，为企业创造更大的价值。

在业务开展过程中，企业应该充分考虑财务因素，将财务理念贯穿于业务决策的全过程。只有实现业务与财务的紧密结合，企业才能获得更好的发展，实现更大的经营成果。因此，我们呼吁企业应该更加重视财务因素在业务开展中的作用，让业务服务于财务，同时让财务为业务赋能。

在本书中，我们将探讨业务与财务的紧密联系，以及在开展业务之前充分考虑财务因素的重要性。

本书分为三篇，第一篇是业财融合的理论阐述，从业财脱节、业财融合的价值和业财融合的人员等方面逐一分析；第二篇介绍了业财融合的技术架构，从业务事件切入，结合极具实战价值的业财融合相关模型，对业财融合的数据库建设、数据使用权和数据共享进行了浅入深出的讲解；第三篇介绍了业财融合的具体实践，讲述了多业协同、成本管控和财务共享等内容，以及综合性的案例陈述。

本书的目标是探索如何实现业务和财务之间的协作，以创造更强大、更灵活、更有竞争力的企业。我们相信，只有企业的业务和财务建立起紧密的协作关系，企业才能够在当下竞争激烈的市场中脱颖而出。

通过让业务服务于财务，同时让财务为业务赋能，企业可以不断提升自身的竞争力和盈利能力，为未来的长远发展奠定坚实的基础。

让我们一起踏上这个激动人心的旅程，希望本书能成为您在实践中的有力指南，帮助您的企业取得更大的成功。

序言二

业财智能化平台构建，让业务更加敏捷兼容

原本这本书只准备写一篇序言，但在全书完成之后，总觉得还有点关键的内容没有说透，又因为偏于统概性的内容，不好加入某一节中，遂决定加一篇序言。

当今商业环境日新月异，竞争异常激烈，企业必须不断适应新的挑战和机遇，业务敏捷性和兼容性已经成为企业成功的关键要素。为了在这个竞争激烈的时代中生存和发展，企业需要不断寻找创新的方式来提高业务效率、降低成本，同时保持对市场的敏感度。

正是在这个背景下，业财智能化平台构建成为至关重要的课题，能够让企业的业务更加敏捷和具有兼容性。

业财智能化平台的构建并不仅仅是一项技术的升级，它还代表了企业在数字化时代的转型和发展。通过将人工智能、大数据、自动化等现代技术整合到业务和财务管理中，企业可以实现更高效的决策制定、资源分配和风险管理。这种智能化平台的构建将推动企业业务的革新，使其更加灵活、高效和具备更强大的竞争力。

本书写作的另一个目的是探讨业财智能化平台构建的重要性、方法和优势。在本书中，我们将深入研究这一领域的关键概念，探讨如何为企业

创造更大的价值，以及提供实际的竞争优势。

业财智能化平台的构建是一个复杂的过程，需要深思熟虑地计划和执行。在本书的架构篇和实践篇中，我们详细介绍了智能化平台构建的关键要点，包括业务事件划分、数据库设计、数据使用与安全管理、数据共享与实时控制、业财融合模型，以及最佳实践和成功案例。

通过对本书的学习，您将了解到业财智能化平台构建的关键概念，以及如何利用业财智能化平台让企业更具竞争力，并以此为基础实现企业整体更加敏捷兼容的业财运营目标。无论您是企业领导者、财务专业人员，还是技术专家，都可以从业财智能化平台的构建过程中获得收益，掌握现代企业业财管理的核心理念，为推动企业迈向更加智能化的未来打下基础。

目录

导入篇

第一章 业财脱节的普遍症结 / 2

对业财融合认知不够 / 2

业财融合制度不够完善 / 5

业财部门之间缺乏有效沟通及路径 / 9

业务体系与财务体系未能紧密结合 / 13

业财融合缺乏有效的融合支撑点 / 17

第二章 业财脱节引发的问题 / 21

企业价值凸显不出来 / 21

管理层缺乏财务知识，算不清楚账 / 23

成本浪费严重，资金使用效率低下 / 26

处理税务问题简单粗暴，涉税风险高 / 28

股权未设计，企业没未来 / 31

第三章 业财融合给企业带来的价值 / 34

财务能够真实、完整、及时地反映经营状况 / 34

为企业经营决策提供真实可靠的支持 / 36

财务可以更好地为业务工作提供保障 / 39

加强财务控制监督与防范风险 / 41

有利于企业融资和企业价值展现 / 45

第四章　业财融合对业务人员和财务人员的能力要求 / 50

业务人员必须熟悉企业的财务结构 / 50

业务人员必须具备的四项财务能力 / 52

财务人员应从事务性和审批性工作中抽身 / 59

财务人员的风险控制思维从合规化向价值创造转移 / 63

精通财务与业务的复合型人才更能驾驭财务管理工作 / 66

第五章　业财融合是业务与财务的双向融合 / 68

业财融合是财务向业务环节纵深延伸的一种方式 / 68

财务向业务融合：将财务数据和洞察力转化为业务行动 / 71

业财融合是将业务经营理念渗透在财务管理的过程中 / 73

业务向财务融合：业务运营与财务管理更紧密集成在一起 / 76

架构篇

第六章　业务事件的分类与重要性 / 80

业务事件与业财融合的关系 / 80

不同动机下的业务事件划分与记录 / 82

事件驱动记录业务的优势 / 85

业务事件与数据收集的关联 / 89

第七章　数据库的设计与管理 / 92

数据库是业财融合的基础 / 92

数据库的设计原则与方法 / 95

数据库的管理与维护 / 98

数据质量与一体化数据库 / 100

第八章　数据使用与安全管理 / 103

数据挖掘与机器学习在业财融合中的应用 / 103

业务数据质量是财报内控的基础 / 105

实现数据的自动归集、加工和流动 / 108

数据安全与隐私保护工具 / 111

自动报告工具与数据输出 / 114

第九章　数据共享与实时控制 / 118

数据共享在业财融合中的作用 / 118

数据共享平台与技术 / 121

实时控制在业财融合中的作用 / 123

实时控制技术与工具 / 125

第十章　业财融合模型 / 128

业务事件驱动模型 / 128

　一体化数据模型 / 131

数据授权模型 / 135

数据共享与访问控制模型 / 137

实时控制与监管模型 / 140

实践篇

第十一章　数字环境下，业务、财务和管理的有机融合 / 144

将财务共享服务中最枯燥的工作机器人化 / 144

基于组织、科目和管理构建三维数据集 / 148

四步构建"业、财、管融合"的报表体系 / 154

一份财务报告推动业务目标顺利完成 / 157

财务中台：业财融合转型升级的载体 / 160

第十二章　多业协同确保净利实现 / 163

净利目标实现路径分析 / 163

在保利前提下搭建应收保底模型 / 166

多情形盈亏平衡测算 / 169

移动平均工具的预测应用 / 172

第十三章　实现基于业务活动全过程的成本管控 / 175

在管理会计的基础上开展全面预算 / 175

构建预算管理数字化体系 / 178

用"T+3"滚动预算指导企业完成生产经营计划 / 181

财务的智慧分析判断＋业务的智能生产制造 / 184

第十四章　业财税一体化的财务共享 / 188

一个智能化无人工厂 / 188

透明化交易中的在线财务部门 / 191
企业的一站式支出管理平台 / 193
税负管理的共享化发展 / 196
业财税融合的国际视野 / 199

第十五章　国内企业业财融合成功案例探究 / 202

海尔：从财务共享到业财融合 / 202
万科：基于数据共享的业财融合之路 / 205
华为："控风险、促经营、支撑业务成功"的价值整合者定位 / 207
京东：迈向"业财一体 2.0"，供应链金融成"关键先生" / 210
瑞幸：获评"ESG 创新实验榜"区块链业财创新奖 / 212

后　记 / 215

导入篇

第一章　业财脱节的普遍症结

业财融合的反面是业财脱节,即业务与财务两者之间缺乏必要且有效的关联,导致业务与财务在实务中的工作效率下降,拖慢企业迈入现代治理的脚步。

通过深入了解业财脱节的症结,企业可以更全面地认知业财融合,制定更完备的业财融合制度,采取更有效的业财部门之间的沟通途径,建立业财融合的体系架构,找准业财融合的关键支撑点,最终将业财融合的威力上升到最大值。

对业财融合认知不够

业财融合(Business Finance Integration)是一种管理模式和财务实践,旨在将企业的业务运营与财务管理紧密结合,以实现更高效、更有利于决策的运营模式。这一概念强调了业务和财务两个核心部门之间的协作、信息流和流程整合。业财融合不仅涉及企业内部的合作,还包括技术、文化和策略等多个层面的整合。

业财融合鼓励业务部门与财务部门之间紧密协作。这意味着，作为业务领导者需要更深入地了解财务数据，而财务专业人员也需要更好地理解业务运营。

业财融合的目标是打破业务和财务之间的壁垒，实现更高效的资源管理、更精准的决策制定和更强大的竞争力。它强调了业财整合和合作的必要性，使企业能够更好地应对复杂和快速变化的商业环境。通过深入了解业财融合的概念，企业可以更好地发挥其潜力，提高绩效并取得更大的成功。

尽管在当今商业环境中，业财融合的概念变得越来越重要，但许多企业管理者对这一概念的认知仍然不够清晰，导致出现了一系列的弊端和挑战。

那么，是什么原因导致企业管理者对业财融合认知不够呢？

其中，一个首要的理解，是业财融合不仅仅是业务部门与财务部门之间的合作，还是涉及整个企业的文化、流程和技术的整合。然而，很多企业仍将财务部门视为独立的实体，其主要职责是记录和报告财务数据，这种狭隘的认知阻碍了企业充分发挥业财融合的潜力。

一个重要的问题，是业务部门和财务部门之间存在沟通障碍。业务部门通常关注市场竞争、产品开发和客户需求；而财务部门更注重成本控制、预算实施和财务报告。这两类部门之间的不协调必将导致信息的不对称，使企业在制定战略决策时陷入困境。

一个关键的方面，是业财融合需要现代技术的支持，如数据分析工具、大数据平台和人工智能。但很多企业并未充分利用现代技术来支持业财融合这一概念。例如,许多公司仍然依赖于传统的财务软件,这些软件不具备足够的灵活性和可扩展性,无法满足快速变化的业务需求,更无法实施自动化的业务和财务流程。

以上便是对企业在实施业财融合时表现出来的常见性、多发性认知不足的总结,在具体实务中还会涉及其他方面,在此不做赘述。无论是对业财融合有怎样的认知缺陷,都将导致企业在以下六个方面面临严峻的问题与挑战。

(1)信息不对称。企业的业务部门通常会生成大量的操作数据,这些数据对于制定战略决策至关重要。然而,如果财务部门不了解这些数据,或者无法将其与财务数据整合,那么企业将无法充分利用这些信息。这种信息不对称将导致企业决策者缺乏完整的视野,从而做出不明智的决策。

(2)决策不协调。如果业务部门和财务部门之间没有紧密协作,那么就会出现决策的不一致性,包括资源分配、投融资和成本控制方面的决策。

(3)效率低下。当业务部门和财务部门分属两个执行系统时,就意味着相互间缺乏协同工作,将导致整个工作流程低效,重复性任务增多,成本上升,严重浪费时间和资源。

(4)文化障碍。业财融合需要企业内部文化的改变,包括对财务部门和业务部门之间的角色和职能的重新定义,即业务部门需要更多地关注财务绩效,财务部门也需要更多地参与战略规划和业务运营。然而,这种文化转变需要时间和资源作支撑,但如果对其认知不足,那么组织将很难实现这一目标。

（5）合规性风险。财务数据的准确性和透明度对于合规性来说至关重要，如果企业没有充分了解业财融合的要求，那么就可能出现法律风险和被罚款风险。

（6）竞争劣势。在激烈的商业竞争环境中，业财融合的不足将使企业处于竞争劣势。那些能够更好地整合业务数据和财务数据、更快速地做出决策的竞争对手会更具竞争力。

由此可知，企业需要积极改进其业财融合认知。通过采取有效的措施来加强业务部门和财务部门之间的合作，推动企业内部文化转变，确保财务合规性，从而提高其竞争力。只有当企业充分认识到业财融合的重要性，并采取积极的行动来克服认知不足时，才能实现真正的成功。

业财融合制度不够完善

尽管业财融合在当今商业环境中变得越来越重要，但很多企业在操作中仍然存在"想"和"做"分家的状态，即想得挺好，却做不出来，这样不仅没有实现业财融合，反而让"业"与"财"更加脱节了。造成这种情况的根本原因之一，就是有助于业财融合形成和实施的制度尚未建立，或者业财融合的制度不够健全，存在严重缺陷。下面，将详细探讨导致企业业财融合制度不够完善的原因，以便更好地理解这一问题的复杂性。

（1）传统文化与惯例。许多企业在过去一直采用传统的业务和财务分离的模式，这种模式使得业务部门和财务部门之间形成了明确的边界，正是这些边界成了业财融合的巨大阻碍。企业需要花时间和精力来改变这种传统模式与惯例，以促进业务和财务部门进行更深入的合作和整合。

（2）组织结构滞涩。企业的组织结构不够灵活，无法适应业财融合的需要。有些企业采用了分散的管理结构，导致不同部门之间难以协作。此外，大企业可能存在不同的地区和部门，使得实施一致的业财融合策略更加复杂。

（3）技术不足与数据失序。许多企业的技术基础设施不足以支持业财融合。现代技术，如大数据分析、云计算和人工智能，对于业财融合至关重要。如果企业的技术能力不足，将难以实现有效的数据整合和分析。不完善的数据管理将导致数据不准确、不完整、不一致，由此会降低决策制定的质量，甚至引发法规合规问题。因此，企业需要从根本上提升技术能力，建立强大的数据管理制度，以确保数据的质量和一致性。

（4）文化差异。业务部门和财务部门通常具有不同的文化和价值观。业务部门更注重创新和市场导向，财务部门更关注成本控制和合规性。两者在文化上的差异势必导致沟通障碍和对相关制度的侧重，双方都希望制度能倾向更有利于自己的方面，若以此为根据制定出的制度一定是"瘸腿"的，时而偏向业务，时而偏向财务。

（5）领导层支持欠缺。业财融合需要来自企业最高领导层的支持和推动，如果最高领导不认可业财融合的重要性，或者缺乏对业财融合的承诺，那么企业在实施业财融合的过程中将会遇到各种困难。

由此可见，导致业财融合制度不够完善的原因，涵盖了企业文化、组织结构、技术能力、数据管理和领导层支持多个方面。

如果不能消除和解决这些问题，企业除了将会遭遇上节中因对业财融合认知不够所面临的几项严重问题以外，还将遭遇资源浪费、员工不配合、风险管理不足、预算控制等问题。

企业会因为缺乏对资源的有效分配和利用而错失机会，或者因为决策不协调而分配了多余的资源，这会对企业的财务健康造成长期的负面影响。因制度不完善，导致员工未能接受足够的教育和培训，用以理解业财融合的概念和实施，将导致员工不愿意接受这种文化的改变，因为他们不理解为什么业务部门和财务部门需要更加紧密地合作。业务数据和财务数据的综合分析对于风险的识别和管理至关重要，若制度不够完善，企业便无法充分了解潜在风险，从而无法及时采取措施。没有足够的信息和协调将导致企业的各项预算缺乏准确性，导致做出不明智的支出决策。

为了解决这些问题，企业需要采取积极的措施，要能够涵盖组织文化、技术支持、数据管理、人才培训等多个方面。下面，将详细讨论如何建立这样的制度。

1. 明确愿景和战略规划

企业需要明确的目标，要了解为什么需要业财融合，以及实施业财融合将如何改善业务运营和财务管理。一个明确的愿景，有助于企业确定正确的路径和方法来建立业财融合制度。

IBM进行了财务转型以建立完善的业财融合制度。IBM先明确了愿景，即通过整合业务数据和财务数据，提高决策的质量和效率。后采取了一系列措施，包括改善数据管理、培训员工以理解业务和财务之间的联系,以及投资现代技术,用以支持业财融合。使得IBM能够更好地预测市场趋势、管理资源,并取得更大的成功。

2. 整合技术支持

现代技术是业财融合的关键驱动力。企业需要投资于数据分析工具、大数据平台、云计算和人工智能等技术,以支持数据的整合、分析和决策制定。

亚马逊(Amazon)是一家全球电子商务巨头,它利用大数据分析和云计算技术支持了业财融合。通过整合业务数据和财务数据,亚马逊能够实时监测库存、销售和客户需求,以优化库存管理和客户服务,实现了更高的效率和竞争力。

3. 强化数据管理

企业需要建立强大的数据管理机制,以确保数据的准确性、一致性和安全性,包括数据采集、清洗、存储和分析等方面。

沃尔玛(Walmart)是一家数据驱动的企业,其建立了严格的数据管理制度,以支持业财融合。通过整合业务数据和财务数据,沃尔玛能够更好地理解库存需求、优化供应链,并做出更明智的财务决策,以提供更好的客户服务并降低成本。

4. 培训和文化转变

建立完善的业财融合制度需要员工理解其重要性,并能够协同工作。企业需要提供培训和教育,以帮助员工理解业务和财务二者之间的联系,以及如何更好地开展合作。

通用电气(General Electric)进行了文化改变来支持业财融合。GE提供了培训和教育，使员工了解如何使用财务数据支持业务决策。这一文化改变帮助 GE 实现了更高效的资源管理和风险控制。

5.建立跨部门团队

跨部门团队由业务部门和财务部门的管理人员与核心员工组成，目的是共同解决问题、制定策略并推动变革。

思科（Cisco）建立了跨部门团队，以推动业财融合。这些团队协作解决了成本控制问题、资源优化问题以及产品开发的挑战，帮助思科更好地实现业财融合目标。

总之，业财融合可以为企业带来更高的效率、更好的决策制定和更强的竞争力。企业需要根据自身独特的需求和愿景来选择适当的方法，以建立一个成功的业财融合制度。

业财部门之间缺乏有效沟通及路径

在企业的经营过程中，有效的业务部门和财务部门的沟通与协同对于企业的成功至关重要。然而，在实际工作中，许多企业常常面临业财部门之间缺乏有效沟通与协同路径的挑战。这种情况将导致信息不对称、决策不协调、效率低下、资源浪费等诸多严重问题。本节将详细讨论业财部门之间缺乏有效沟通与协同路径的原因，以及应对此问题的方法。

首先，业财部门之间缺乏有效沟通的原因之一是双方的目标和关注点不同。业务部门的主要目标是实现业务目标，提高业务绩效；而财务部门的主要目标是提高财务绩效，实现企业价值最大化。由于两者目标和关注点的不同，使得双方之间的沟通和协作会存在一定的障碍。

其次，业财部门之间缺乏有效沟通表现在双方语言和沟通方式的不同。财务部门通常使用大量的专业术语和数据，而业务部门则更注重业务操作和实践。这种语言和沟通方式的不同也会影响到双方之间的有效沟通。

为了解决业财部门之间缺乏有效沟通的问题，企业需要建立有效的沟通渠道和路径，需要制订清晰的沟通目标和计划，明确业财双方之间的沟通内容和频率。同时，需要采用双方都能理解和接受的语言与沟通方式，以便更好地传递信息和达成共识。

下面是业财部门之间建立有效沟通和路径的具体方法，为了更透彻地表述，结合具体案例来呈现。

1. 明确沟通渠道

为了解决业务部门与财务部门之间缺乏有效沟通与协同路径的问题，企业必须建立明确的沟通渠道。包括定期召开会议、共享关键信息、建立联络人制度和使用协同工具，这些沟通渠道可以帮助企业促进信息共享和双向沟通。

同时，为了促进业财部门之间的有效沟通，企业还需要建立跨部门协作机制和团队。通过成立跨部门协作小组或委员会等方式，可以加强业务部门和财务部门之间的沟通与协作，共同解决企业面临的问题和挑战。

宝洁（Procter & Gamble）规定每季度召开一次沟通会议，邀请业务部门和财务部门的管理者参加。在会上，管理者分享关键信息，包括市场趋势、产品销售和财务绩效。这种定期召开的会议有助于促进跨部门的信息共享和理解。

2. 共同目标与共同策略

业务部门与财务部门之间的协同路径，包括制定共同的目标和策略。企业可以通过明确定义目标、策略和绩效指标，来确保业务部门和财务部门朝着相同的方向努力。

可口可乐（Coca-Cola）制定了共同的可持续发展目标，包括减少包装废物、提高水资源效率和减少碳排放。这些目标对于业务部门和财务部门都有意义，因为它们影响了可持续发展和利润。这种共同的目标有助于确保两个部门之间的协同。

3. 采用技术支持

利用现代技术可以加强业务部门与财务部门之间的协同。企业可以通过投资企业资源规划（ERP）系统、数据分析工具和云计算，以支持信息共享和数据分析。

思爱普（SAP）的 ERP 系统允许不同部门访问和共享相同的数据，使得业务部门和财务部门能够更好地了解组织的绩效、成本和利润。这种技术支持有助于加强协同路径的开发与维护。

4. 培训与教育

培训与教育是提高业务部门和财务部门之间理解协同的重要工具。企业可以为员工提供培训资源，使他们了解业务和财务两者之间的联系，以及如何更好地开展合作。这样的培训和教育还可以提高业财双方的专业知识和技能水平，增强两者之间沟通与协作的能力。同时，还需要加强对双方的激励和支持，以提高双方参与沟通和协作的积极性与主动性。

通用电气（General Electric）提供了详细且全面的财务培训资源，用以帮助业务员工了解财务数据和指标；同时，也为财务员工提供了详细的业务相关培训，用以帮助财务员工了解业务数据和指标。这使得业务部门的员工能够更好地理解财务报告和预算，从而更好地做出经营决策；财务部门的员工也能更好地理解业务流程和规范，从而更利于提供财务支持。这种企业内部的培训与教育有利于业财部门协同的执行。

5. 领导层支持

企业的最高领导层必须全力支持业务部门与财务部门之间的协同，并树立榜样，以鼓励有效的沟通与合作。

微软（Microsoft）的首席财务官（CFO）积极支持业务部门与财务部门之间的协同。CFO会定期参加会议，与业务部门领导合作，以确保财务决策与业务目标一致。这种来自领导层的支持推动了协同路径的巩固。

综上所述，业财部门之间缺乏有效沟通会严重影响到业财融合的进程和效果。为了解决这一问题，企业需要建立有效的沟通渠道和路径、整合目标并给予技术支持、加强对业财双方的培训、领导层协作机制等方面的措施，以便更好地促进业财融合的实现和发展。

业务体系与财务体系未能紧密结合

在现代企业中，业务体系与财务体系是两个至关重要的组成部分。业务体系涵盖了企业的主要业务、辅助业务和支持业务，直接决定了企业的运营模式和战略方向。财务体系则关注企业的财务目标、财务管理和财务规划，直接影响企业的经济效益和可持续发展。

业务体系是企业的核心运营系统，包括主要业务、辅助业务和支持业务。其中，主要业务是指企业赖以生存和发展的核心业务，如生产、销售等；辅助业务是指为了支持主要业务而存在的业务，如采购、库存管理等；支持业务则是指为了保障企业日常运营而存在的业务，如人力资源管理、行政管理等。

财务体系关注企业的财务活动，包括财务目标、财务管理和财务规划。其中，财务目标是指企业在一定时期内希望实现的财务指标，如利润、市场份额等；财务管理是指企业的财务管理制度、流程和规范等；财务规划则是指企业为实现财务目标而制定的长期战略和短期策略。

通过将业务体系和财务体系紧密结合，企业能够更好地了解业务运营情况，有利于更快速、更透彻地了解业务风险与财务风险，及时采取措施进行风险控制，从而降低潜在损失，并做出更准确和明智的决策；通过将业务部门和财务部门的数据信息进行整合，企业可以更准确地了解资源的需求与供应情况，从而更加高效地配置资源；通过将业务部门和财务部门的工作流程进行整合，企业可以简化业务流程，提高运营效率，降低运营成本；通过将业务体系和财务体系结合之后形成的业财融合的经营模式，企业可以更好地了解与掌控实际运营情况和履行社会责任，从而制定更加可持续的发展战略。

可见，为了提高决策质量、强化风险控制、优化资源配置、提升运营效率以及可持续发展，企业必须实现业务体系与财务体系的紧密结合。

多数企业管理者也明白其中的道理，但在具体操作时却仍然难以做到，有些是"照猫画虎"，有些是"东施效颦"，虽然使出的力气很大，但收获的效果甚微，甚至还产生了负面影响。那么，究竟是什么原因导致企业难以实现业务体系与财务体系的紧密结合呢？

（1）信息数据间隔。企业各部门之间的连通机制不完全、数据透明度低，导致企业内部存在严重的"信息孤岛"；因为数据传递不及时，所以财务部门只能被动地接收数据，导致工作流程烦琐，工作错误率增加；业务部门与财务部门的数据标准不统一，导致整个企业的数据无法达到融合与共享的目的。

（2）系统功能失调。不同部门可能使用不同的系统和工具来管理业务数据和财务数据，这样会导致数据集成困难、信息不一致。如果企业使用的企业资源规划（ERP）系统缺乏业务与财务模块协同的管理能力，那么业务部门就不能及时与财务部门进行信息沟通，由此将导致数据不精准、不连贯，无法为管理者提供可靠的决策依据，加大了企业管理的难度。

（3）绩效评估差异。业务部门和财务部门通常根据不同的绩效指标评估员工，由此导致员工将更多的精力放在自己部门的指标上，不愿意在绩效考核中承担与其他部门协作相关的责任。

（4）短期利益优先。业务部门更倾向于短期营收利益，财务部门更注重长期财务健康。这种差异必然导致短期决策与长期财务目标不一致。加之企业内部缺乏跨部门的团队合作和项目管理，使得业务部门和财务部门更难协作和共同实现战略目标。

以上四项虽非全部原因，但却是非常重要的，一般只要触犯其中的一条，企业便难以建立有效的业财融合体系，更别说让业务体系与财务体系紧密结合了。更为致命的是，企业往往只要踏中其一，就意味着是连环全中，业财融合的实现就更加遥遥无期了。而业务体系与财务体系未能紧密结合造成的负面影响有很多，如不准确的决策、资本效率低下、风险管理失当、遵守法规问题、难以实施战略等。

总之，不协调的业务体系和财务体系会让大量的时间和资源用于数据整理和报告制作，而不是用于战略规划和增值活动。即便如此，业务部门也可能怀疑财务部门的决策可行性，财务部门也可能怀疑业务部门的支出合理性，由此企业的内部合作将遭破坏，业财融合更是无从谈起。

要解决这些问题，企业需要制定统一的战略规划，进行业务规划、分析预测与协作机制，改善信息系统集成，建立数据管理平台，提高数据质量和系统功能，加强部门之间的沟通和协作，使企业的财、产、供、销、人力部门方向一致，高效协同，实现业财融合（见图1-1）。

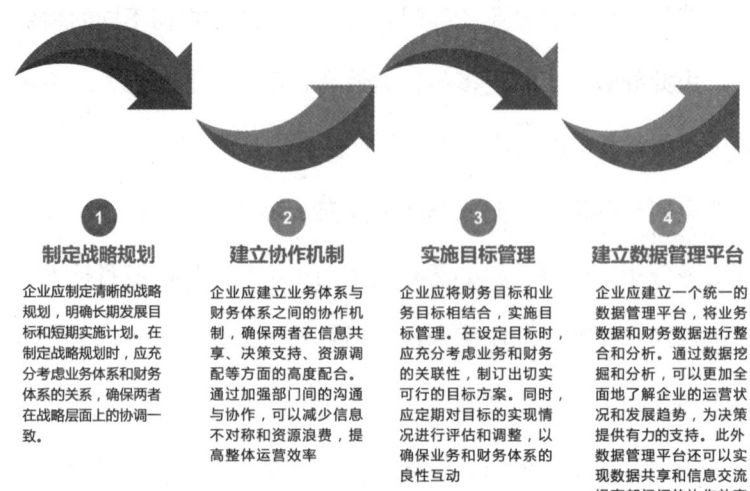

图1-1　企业实现业务体系与财务体系的紧密结合的方法

下面以某知名零售企业为例，该企业为了实现业务体系与财务体系的紧密结合，采取了以下一些措施：

第1步，制定战略规划。该企业根据市场环境和自身特点，制定了以扩大市场份额和提高经营效益为目标的战略规划。在该战略规划中，着重强调了业务体系与财务体系的协调一致，以确保资源的合理分配和风险的有效控制。

第2步，建立协作机制。该企业建立了业务部门与财务部门之间的定期沟通机制，加强了部门之间的信息共享和协作配合。通过召开跨部门会议、制订联合工作计划等方式，确保了业务和财务工作的紧密衔接和高效运转。

第3步，实施目标管理。该企业将财务目标和业务目标相结合，实施目标管理策略。在设定目标时，充分考虑了销售收入、成本费用、利润等财务指标以及市场份额、客户满意度等业务指标。同时，通过定期对目标实现情况进行评估和调整，确保了业务体系和财务体系的良性互动。

第4步，建立数据管理平台。该企业建立了统一的数据管理平台，将销售数据、库存数据、财务数据等进行了整合和分析。通过对数据进行挖掘和分析，更加全面地了解企业的运营状况和发展趋势，为决策的制定与执行提供了有力的支持。此外，数据管理平台还可以实现数据共享和信息交流，有效提高了部门间的协作效率。

通过采取以上措施，该零售企业成功实现了业务体系与财务体系的紧密结合。这些措施的有效性表现在四个方面：①通过制定明确的战略规划为企业提供了明确的发展方向；②建立跨部门的协作机制，使得两个体系之间建立了良好的沟通与合作关系；③实施目标管理将两个体系的目标相互关联，从而实现相互促进的效果；④通过建立数据管理平台实现了信息的共享与整合，从而更好地支持决策的制定与执行。

本节对企业业务体系与财务体系的重要性以及如何实现两者紧密结合进行了详细论述。希望本节所阐述的观点，能够对企业构建良好的业务与财务关系提供一些启示与参考，为推动企业的发展进程提供指导，并提高企业的市场竞争力。

业财融合缺乏有效的融合支撑点

业财融合，是一种在企业内部将财务数据和业务运营数据集成在一起的战略方法，旨在提高决策效率和整体业务绩效。通过将财务和业务的深度融合，企业能够更好地理解业务需求，提供精准的财务支持；同时，也能更精准地把握市场动态，以提升企业的整体竞争力。然而，许多企业在实施业财融合时遇到了挑战，其中一个主要问题是缺乏有效的融合支撑点。

首先，业财融合的成功依赖于可靠的技术基础设施。然而，许多企业的现有系统和应用程序是分散的，不同部门使用不同的软件和工具来处理财务和业务数据。这种分散的系统架构使数据集成变得复杂，难以管理，而且容易出现错误。由于缺乏一种统一的技术支撑点，使数据流畅地在不同系统之间传输和转换变得困难，从而妨碍了业财融合的有效实施。

其次，数据质量是业财融合的关键问题。即使有适当的技术支撑点，如果数据质量不可靠，那么整个业财融合过程也会受到影响。数据质量问题，包括不一致的数据格式、错误的数据条目和缺失的数据字段。这些问题可能导致不准确的财务报告和业务决策，从而损害企业的运营效率和竞争力。

再次，企业文化和业务流程是导致业财融合的支撑点问题的另一部分。业务部门和财务部门通常拥有不同的文化、工作流程和目标。要成功实现业财融合，需要在整个企业中建立一种文化，促进合作和信息共享。此外，需要重新设计和优化业务流程，以确保数据在不同部门之间流动和使用的无缝性。缺乏有效的文化和流程支撑点会使组织内部存在沟通和合作的问题，从而妨碍业财融合的实施。

最后，许多企业的管理制度仍需完善。在业财融合方面，缺乏明确的职责划分、流程规范和考核标准等，导致在实际操作中存在许多盲点。例如，业务部门和财务部门之间的沟通不畅，信息无法共享，甚至出现互相推诿的情况。缺乏完善的管理制度是业财融合关键支撑点缺失的体现。

此外，业财融合需要具备扎实的业务知识和财务知识的专业人才。然而，目前许多企业的业务人员往往只专注于本职业务，对财务知识知之甚少，财务人员仍停留在传统的会计核算层面，缺乏对业务知识的深入了解，导致双方难以形成有效的协同。

为了实现企业的持续发展和提升竞争力，必须找到业财融合的支撑点，可以从完善管理制度、加强高层领导重视、培养专业人才和技术升级等方面入手，以提升业财融合的有效性。

（1）完善管理制度。企业应建立健全业财融合管理制度，明确各部门的职责和分工。同时，应制定详细的流程规范和考核标准，确保业财融合工作的顺利进行。企业应建立有效的信息反馈机制，及时发现和解决融合过程中出现的问题。此外，企业还应确保业财融合过程符合适用的法规和法律要求，以降低合规风险。

（2）加强高层领导重视。企业高层领导应加强对业财融合工作的重视，将其纳入企业战略规划。并促进跨部门合作和信息共享，鼓励员工接受新的文化和工作流程。同时，应给予业财融合工作必要的资金支持，鼓励和支持各部门之间的沟通协作。此外，还应建立跨部门考核机制，将业财融合的实施效果作为各部门的重要考核指标。

（3）培养专业人才。企业应加强对财务人员和业务人员的培训与培养，提升他们的专业知识和技能水平。通过举办培训班、经验交流会等方式，让财务人员深入了解业务知识，同时也让业务人员了解财务流程和规范。此外，还应建立人才激励机制，定期评估业财融合的绩效，并根据结果进行改进，以确保业财融合支撑点的不断优化和适应性。

（4）升级技术手段。企业应投资于更新技术基础设施，以确保数据在不同系统之间的顺畅流动。通过引入先进的信息化技术，实现信息的实时传递和共享，提高工作效率和质量。企业还应实施严格的数据质量控制措施，包括数据清洗、验证和标准化，以确保数据的准确性和一致性。此外，还应建立风险预警机制，以便及时发现和防范潜在的风险。

总之，业财融合缺乏有效的支撑点是一个常见的挑战，但可以通过正确有效的方式来解决。成功的业财融合可以提高企业的决策效率和绩效，从而增强其竞争力和可持续性。

第二章　业财脱节引发的问题

业财脱节是在企业的经营管理中，业务部门和财务部门之间缺乏有效的沟通和协同，导致财务管理与业务活动脱节，无法实现财务和业务的有效整合。这种情况会导致企业价值无法凸显，管理层无法理解企业财务账本，成本浪费严重，资金效率低下，涉税风险高，企业没有未来等严重情况。

企业价值凸显不出来

企业价值，是指企业在市场上的真正价值，是投资者和利益相关者关心的核心指标之一。然而，在一些情况下，企业的真正价值未能得到充分体现，往往与业务运营和财务之间的脱节有关。

因业财脱节导致企业价值无法凸显的具体原因有以下七种。

（1）缺乏有效的战略规划。企业在进行业财融合时，缺乏有效的战略规划。由此导致企业无法将战略目标与业财融合相协调，无法充分发挥业财融合的优势。例如，企业没有制定明确的业务目标和财务目标，也没有将二者进行有机结合，导致在业财融合过程中出现混乱和无序。

（2）组织架构不合理。由于一些企业的组织架构不合理，导致业财融合难以实施。例如，财务部门和业务部门之间存在沟通障碍，导致信息无法共享和协同工作难以开展。此外，一些企业缺乏跨部门的协调机制，导致业财融合过程中出现互相推诿、配合不力等问题。

（3）人才队伍建设不足。实现业财融合需要具备扎实的财务知识和业务知识的专业人才。然而，一些企业缺乏这类人才，导致业财融合的实施效果不佳。例如，业务人员缺乏对财务知识的了解，无法充分利用财务信息进行决策；财务人员缺乏对业务知识的了解，无法为业务部门提供精准的财务支持。

（4）技术手段落后。随着信息化技术的发展，很多企业已经实现了财务和业务的信息化整合。但是，仍有一些企业由于技术手段落后，无法实现财务和业务的实时对接，导致信息传递的延迟和效率低下。这不仅影响了业财融合的效率，也影响了企业的价值创造。

（5）分离的运营和财务目标。在一些企业中，业务部门和财务部门有不同的目标和优先事项。业务部门侧重于业务增长、市场份额和客户满意度；财务部门更注重降低成本、提高盈利和控制风险。不同的关注点，导致企业运营和财务之间的脱节。

（6）不充分的信息共享。在某些企业中，业务部门和财务部门之间的信息共享不够充分。业务部门拥有关于市场趋势、客户需求和产品创新的信息，财务部门则掌握财务数据和成本信息。如果这些信息不能有效地共享和整合，那么企业价值很难完全体现。

（7）不合理的绩效评估。一些企业的绩效评估体系过于侧重短期财务指标，如利润率和股价表现，而忽视了长期战略目标和客户满意度等关键业务指标，导致企业在追求短期财务成功的同时忽略了长期价值的创造。

为了更好地理解业财脱节是如何导致企业价值未能充分体现的，可以参考以下两个案例：

一家电动汽车制造商在市场上享有良好的声誉，其产品质量和创新能力备受赞誉。然而，由于大规模的研发支出和生产成本，公司的财务报表显示亏损。这导致投资者对该公司的价值产生怀疑，股价下跌。实际上，该公司在未来具有巨大的增长潜力，因为电动汽车市场规模预计将迅速扩大。但由于财务数据未能反映这一潜力，使得企业的真正价值未能充分体现。

一家高科技初创公司在创新领域取得了重大突破，但由于高额的研发支出，导致公司一直处于亏损状态。投资者担心公司的财务状况，公司的未来价值未能得到充分体现。然而，该公司的技术在市场上具有巨大的潜力，可以彻底改变行业格局。由于传统财务指标未能捕捉到这一潜力，使得企业价值被低估了。

业财脱节是导致企业价值未能充分体现的常见问题，不解决这个问题，企业将无法实现坚实长效的成长，更无法体现真正的价值。

管理层缺乏财务知识，算不清楚账

在现代商业环境中，财务知识对于管理层至关重要。然而，由于企业管理层缺乏必要的财务知识，导致业务和财务两者之间脱节，使他们难以正确计算财务数据。

为了更好地理解"管理层缺乏财务知识"以至于"算不清楚账"的问题，可以通过以下案例来说明：

A企业是一家制造业企业，由一位工程师创立。尽管该企业的规模迅速扩大并实现了显著的销售增长，但创始人对财务知识了解甚少，只能依赖财务团队来处理所有的财务事务。由于缺乏财务知识，创始人难以理解财务报表，无法准确评估企业的财务状况，最终导致做出了一些不明智的财务决策，损害了企业的盈利能力。

B公司是一家初创科技企业，由一组技术专家创立。管理层对公司的技术发展情况非常了解，但对财务知识却一窍不通。他们不了解资本结构、财务风险以及现金流管理的基本原则。因此，公司在筹集资金、控制成本和制定财务战略方面面临严重问题，最终导致了财务危机。

企业管理层缺乏财务知识有多种原因，以下是一些主要原因：

（1）缺乏系统教育和实践经验。一些企业的管理层人员没有接受过系统的财务知识教育，或者在实践中没有积累足够的财务经验，导致他们缺乏足够的财务知识。

（2）专业分工所限。在大型企业中，财务工作通常由专门的部门处理，部门负责人为财务专业人士。这导致了财务知识局限在财务部门内，管理层认为财务工作是财务部门的职责，而不是自己的职责。

（3）信息复杂性。财务报表和数据通常非常复杂，对于不熟悉财务知识的业务管理层来说是难以理解的，这使得他们无法准确评估企业的财务状况。

（4）短期思维。一些企业的管理层过于关注短期业绩，从而忽视了企业的长期财务可持续性，导致他们做出不明智的财务决策。

（5）不了解财务语言。财务领域有自己的专业术语和语言，企业管理层如果不了解这些术语，会难以有效地参与财务讨论。

（6）变化和更新不足。财务知识和法规在不断地变化和更新，一些管理层人员可能没有及时地跟进和学习新的知识与法规，导致他们的财务知识滞后。

企业管理层缺乏财务知识的问题，不仅会影响企业财务决策的制定和执行，还会引发企业的财务危机。下面以图片的形式对管理层缺乏财务知识导致业财脱节、"算不清楚账"的问题，给企业经营带来的危害进行说明（见图2-1）。

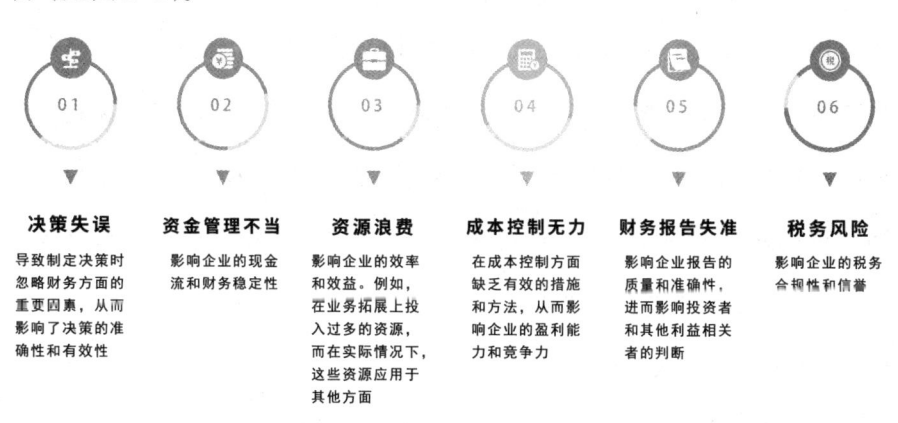

01 决策失误	02 资金管理不当	03 资源浪费	04 成本控制无力	05 财务报告失准	06 税务风险
导致制定决策时忽略财务方面的重要因素，从而影响了决策的准确性和有效性	影响企业的现金流和财务稳定性	影响企业的效率和效益。例如，在业务拓展上投入过多的资源，而在实际情况下，这些资源应用于其他方面	在成本控制方面缺乏有效的措施和方法，从而影响企业的盈利能力和竞争力	影响企业报告的质量和准确性，进而影响投资者和其他利益相关者的判断	影响企业的税务合规性和信誉

图2-1　企业管理层缺乏财务知识，"算不清楚账"的主要危害

由于企业管理层缺乏财务知识，会导致他们在财务规划方面无从下手；或者在规划过程中无法做出合理的决策，导致企业的长期发展和战略目标也将无法实现。更为严峻的是，管理层缺乏财务知识会让他们对财务风险

认识不足,在经营过程中极易忽视隐性和显性的风险,最终导致企业的破产或倒闭。因此,必须消除,至少应减轻这一问题造成的影响,以确保财务与业务相一致,从而更好地管理企业的财务状况,实现业财融合。

成本浪费严重,资金使用效率低下

在现代企业管理中,业务和财务两者之间的紧密关联至关重要。然而,许多企业存在业财脱节现象,这导致了成本浪费严重和资金使用效率低下的问题。下面是一个详细的案例分析:

某制造企业是一家中等规模的生产企业,近年来存在越发严重的成本浪费和资金使用效率低下的情况。若是只看表面现象,则一定认为该企业在成本控制方面出现了问题,只要加强预算和成本管理,或许就能解决问题。但若经过深入调查和分析就会发现,该企业存在严重的业财脱节问题,正是由于业务与财务的各行其是,才导致该企业出现了成本浪费过多,资金利用率严重不足的情况。下面是该企业在寻求相关咨询后,得出的三项具体的业财脱节的原因。

(1)该企业的业务部门和财务部门之间缺乏有效的沟通。业务部门只关注生产进度和产品质量,忽视了财务管理的重要性;而财务部门只关注财务报表的编制和分析,不了解业务部门的实际运作情况。由此导致两个部门之间存在信息不对称和沟通障碍。

（2）该企业的财务管理与业务活动脱节。企业的财务管理没有与业务活动紧密结合，这样就无法及时反映企业的实际经营情况。例如，在采购环节中，企业没有建立有效的供应商评估机制，导致采购成本过高；在生产环节中，企业没有建立有效的成本控制机制，导致生产成本过高。这些问题的存在都与业财脱节有关。

（3）由于业务部门和财务部门之间缺乏有效的沟通和协同，导致企业无法及时掌握资金状况，无法合理安排资金使用。这种业财脱节的最直接体现就是，企业陷入越发严重的资金链断裂的风险中，严重增加了企业的财务风险。

综上所述，业财脱节会导致该制造企业的成本浪费严重，资金使用效率低下。当然，该企业的业财脱节情况不只是列出的三项主要原因，还有其他一些对于该企业而言不是最主要的原因（但对于其他企业，以下各项则未必不是最主要的原因，各企业需要根据自身的实际情况而定）。

（1）教育和培训不足。该企业管理层具有技术或市场营销背景，而没有接受充分的财务培训。由于他们对财务原则和成本概念缺乏了解，因此难以有效地管理成本和资金。

（2）部门之间隔阂严重。该企业仍然是传统的金字塔形组织结构，因此拥有多个层级，各层级之下又设有多个部门。业务部门和财务部门之间存在沟通和协作障碍，导致业务部门不了解财务实际情况，无法做出基于成本和效益的决策。

（3）信息不透明。该企业的财务数据很复杂，难以被非财务专业人员理解。而且，管理层也无法理解财务报表，从而难以做出明智的决策。

（4）短期关注点。该企业管理层过于关注短期业绩，忽视了成本管理和长期资金使用效率的重要性，导致做出不合理的成本支出和投资决策。

（5）难以衡量的绩效。该企业的管理层并不十分了解财务指标，因此难以评估业务部门的绩效，从而无法进行有效的绩效管理。

总之，业财脱节导致成本浪费和资金使用效率低下的问题有多种原因。这些问题的存在严重影响企业的财务状况和资金使用效率，进而影响企业的生存状况和可持续发展。因此，企业应该采取有效措施解决业财脱节问题。例如，加强业务部门和财务部门之间的沟通与协同，建立有效的财务管理与业务活动整合机制等。只有通过减少业财脱节，企业才能更好地管理成本、优化资金利用，提高整体绩效。

处理税务问题简单粗暴，涉税风险高

在企业经营中，税务问题是一个至关重要的方面。然而，当企业的管理层缺乏必要的财务知识时，可能导致业务和财务之间的脱节，使他们在处理税务问题时采取简单粗暴的方法，增加了涉税风险。本节将详细论述这一问题，提供案例以及分析问题产生的原因和可能带来的危害。

为了更好地理解因业财脱节导致"涉税风险高"的问题，以下是两个案例，说明这一问题的实际情况。

某餐饮连锁集团经营着多家餐厅，店址分布于不同地区。集团管理层缺乏财务知识，对税法了解甚少。为了应对复杂的税务法规，他们采取了简单粗暴的策略，如降低销售额以减少纳税额。这样导致了大量的销售损失，最终导致该集团受到税务部门的高额罚款和声誉损失。

科技初创公司在初期阶段业绩迅速增长，但管理层对税务问题不够重视。他们没有建立有效的税务策略，也未与专业会计师进行协商，结果在报税时犯了严重的错误。不仅引发了巨额的税务纠纷，还严重干扰了公司的日常运营。

由于业财脱节，导致企业在处理税务问题时过于简单粗暴和涉税风险高的问题有多种原因，以下是一些主要原因：

（1）财务和税务知识不足。许多管理层成员来自技术、市场或其他非财务领域，未接受足够的财务方面的培训，对税法和纳税义务也不够了解，因此会在不知所以的情况下贸然采取不当的税务决策。

（2）税务复杂性。税法和税务规定通常非常复杂，对于不熟悉财务和税务领域的管理层来说是难以理解的。这使得他们难以正确解释税法规定和制定合规的税务策略。

（3）短期思维。管理层过于关注短期业绩，而忽视了税务策略带来的长远影响。他们往往会为了迅速减少税负而采取不合规的方式，以换取短期经济利益。

（4）依赖第三方。管理层过于依赖第三方税务顾问，而不是建立内部的税务专业团队，导致产生依赖性和失去对税务问题的控制。

由于业财脱节，导致处理税务问题时过于简单粗暴和涉税风险高；这样必然会给企业的经营管理带来诸多危害，有时只要一个危害就能让企业陷于万劫不复的深渊。

（1）高额罚款和损失。不合规的税务策略或错误的税务申报结果会导致高额罚款，增加企业的财务负担。

（2）声誉损害。对税务问题不当的处理方式会损害企业的声誉，使客户、投资者和合作伙伴对企业经营失去信心。

（3）经济效益减少。管理层简单粗暴的税务决策将导致企业在税务负担方面失去优势，进而降低企业的经济效益。

（4）法律风险。不合规的税务行为必然会导致税务机关的稽查，甚至导致法律诉讼，增加法律风险。

（5）业务中断。处理税务问题需要付出大量的时间和精力，即使这样还不一定能从根本上处理清楚，将会导致业务中断。

（6）资金不足。管理层简单粗暴的税务决策会导致企业支付不必要的税款，浪费有限的资金。

综上所述，由于业财脱节导致企业在处理税务问题时采取简单粗暴的方法，从而增加企业的涉税风险。企业想要解决这一问题，就需要根据所触发的原因有针对性地布局，如提供足够的教育和培训，鼓励管理层了解税法规定，建立内部税务专业团队，制定长期税务策略，以确保合规性和财务的可持续性。只有通过减少业财脱节，企业才能更好地管理税务事务，降低涉税风险，提高整体绩效。

股权未设计，企业没未来

在当今竞争激烈的商业环境中，企业的未来成功往往与股权管理和财务决策密切相关。然而，当企业管理层缺乏必要的财务知识时，可能导致业务和财务之间脱节，使他们忽略了股权设计的重要性，从而可能威胁企业的未来。

A科技创业公司是一家初创企业，由一位技术专家创立。该公司发展迅速，产品备受市场欢迎，但管理层缺乏财务知识，特别是在股权管理方面。虽然该公司吸引了一些投资者，但没有建立明确的股权结构和分配机制，没有制订明确的股权计划，这导致员工对公司未来的股权回报感到困惑，投资者对公司的价值也缺乏透明度。

该公司的创始人只专注于专业技术的开发，却在推出有极强竞争力的产品后，依然得不到重要投资方的青睐，只有一些小投资机构愿意与其洽谈投资事宜，但投资条件却相当苛刻，创始人不得已只能放弃这些融资机会。因为没有足够的资金支持，该公司的发展变得越发艰难，如今到了生死边缘。

下面，我们要对该案例进行分析，看看该公司为什么在有强势产品的情况下，仍然一步步地走向死亡。

首先,是混乱的股权结构。由于该公司没有建立清晰的股权结构,公司的股权分布混乱不堪,导致员工和早期投资者之间的股权权益争议增加,引发了内部不满和纠纷。

其次,是困惑的员工。员工作为初创公司的核心资产,却因为该公司缺乏股权计划,员工对自己的股权回报和激励感到困惑,因此士气低落,人员流失严重。

再次,是投资者的不确定性。投资者需要明确的股权结构和财务透明度,以便评估投资的可行性和回报率。由于该公司没有建立明确的股权计划,投资者对公司的长期价值和回报产生不确定性,导致不愿投资。

最后,是财务混乱。因为业财脱节,让股权计划的执行一再拖延,导致财务混乱,难以进行有效的财务决策和规划,严重限制该公司的生存和可持续性。

通过上述案例的分析结果可知,业财脱节必将导致企业在股权设计方面缺乏合理的规划和考虑,进而影响企业的未来发展。下面,详细分析业财脱节导致企业在股权设计方面的缺陷,具体内容如下。

(1)业财脱节导致企业在股权结构设计方面缺乏合理的考虑。企业股权结构的搭建应根据企业的实际情况进行合理的设计和规划,包括股份数量、股份分配、股份比例等方面。如果企业没有将业务和财务部门进行有效整合,那么就很难在股权结构方面做出合理的设计和规划,从而影响企业的股权结构,甚至会导致股权结构不合理、股权分配不公平等问题,进而影响企业的未来发展。

(2)业财脱节导致企业的股权激励方案缺乏合理的规划和考虑。企业制订股权激励方案，是企业为了激励员工积极工作、促进企业发展的机制之一。如果企业没有将业务和财务部门进行有效整合，那么就很难在股权激励方案方面做出合理的设计和规划，从而影响了股权激励方案的实施效果，甚至会导致股权激励方案不合理、股权激励不公平等问题，进而影响企业的未来发展。

（3）业财脱节导致企业在股权融资方面缺乏合理的规划和考虑。企业进行股权融资，是企业为了获取资金而向投资者发行股份的一种融资方式。如果企业没有将业务和财务部门进行有效整合，那么就很难在股权融资方面做出合理的设计和规划，从而影响企业的股权融资效果，甚至会导致股权融资不合理、股权融资不成功等问题，进而影响企业的未来发展。

综上所述，业财脱节将导致企业在股权设计方面缺乏合理的规划和考虑，进而影响企业的未来发展。因此，企业应该采取有效的措施来解决业财脱节问题，实现业务和财务的有效整合，从而为企业的股权设计和未来发展打下坚实的基础。

第三章　业财融合给企业带来的价值

业财融合可以为企业带来多方面的价值，包括财务能够反映经营情况的翔实数据信息、为企业经营决策提供真实可靠的支持、财务能够更好地为业务工作提供保障、加强财务控制、监督与风险防范、有利于企业融资和企业价值观展现等。

相信业财融合带给企业的价值远不止这五点，还有很多正在发生的和尚未出现的价值。这些显性的和隐性的价值有助于推动企业在不断变化的市场环境中保持领先地位，实现可持续发展。

财务能够真实、完整、及时地反映经营状况

在现代企业经营中，实现财务能够真实、完整、及时地反映企业经营情况是至关重要的目标。这一目标确保了财务的透明度、可信度和有效性，为管理层、股东、投资者以及其他利益相关方提供了关于企业健康和稳定性的准确信息。为了实现这一目标，越来越多的企业采用业财融合的方法。业财融合，是指将业务和财务信息融合在一起，以确保得到准确、

全面和及时的财务报告。

A 国际公司是一家全球性制造企业，专注于生产高端电子产品。该公司的财务部门一直致力于确保财务报告的真实、完整和及时。他们实施了严格的财务控制和报告标准，以确保经营情况的真实反映。

◆真实反映。财务部门通过遵守会计准则和原则，确保了 A 公司财务报告的真实性。因为从未操纵数据或进行不当的会计操作，因此股东和投资者可以信任财务报告反映了 A 公司的实际经济状况。

◆完整反映。财务部门定期审计和核查财务数据，以确保报告能够完整地反映所有的关键信息，包括负债、资产、现金流以及其他财务指标。因此，A 公司的财务报告不仅真实，而且完整，提供了全面的信息。

◆及时反映。财务部门遵循及时报告的原则，确保财务报告在合适的时间内可用。使得管理层和投资者可以及时获取关键信息，从而更好地做出决策。

但并非企业只要实施了业财融合，就能自动实现财务真实、完整、及时反映企业的经营情况，而是要在业财融合的基础上符合一些关键因素，才能达到预期效果。这些关键因素包括以下四个方面。

（1）会计准则和原则。遵守国际会计准则和会计原则是确保财务真实性的重要因素。这些准则提供了报告财务数据的标准，以便股东和投资者能够进行比较和评估。

（2）审计和核查。审计和核查程序能够确保财务报告的完整性。建议通过第三方审计师的独立审核，以确保报告没有被篡改。

（3）内部控制。有效的内部控制系统有助于预防错误和出现不当行为，确保财务报告的真实性，包括分离职责、审批程序和准确的账务记录。

（4）及时报告。确保财务报告在规定时间内可用的系统和程序非常重要，迅速获取关键信息可以提高管理层和投资者做出决策的效率。

综上所述，确保财务能够真实、完整、及时地反映企业经营情况至关重要，因为这确保了财务的透明度、可信度和有效性。案例中的A国际公司通过遵守会计准则和原则、定期审计、强化内部控制和及时报告等方法，成功实现了这一目标，为其股东和投资者提供了可信赖的财务报告，帮助他们做出明智的决策。这一原则也适用于各种规模和类型的企业，以确保它们的经营情况得到真实、完整、及时的反映，为长期成功打下坚实的基础。

为企业经营决策提供真实可靠的支持

在现代企业管理中，为了做出明智的经营决策，企业需要可靠的财务信息支持。业财融合在这个过程中的地位越发重要，因为财务数据不再仅仅是反映过去的信息集合，还是预测和规划未来的有力工具；业务数据也不再只是反映经营状况的信息集合，而是成为企业预测市场和实施战略规划的强力依靠。企业通过整合业务数据和财务数据，能够更好地支持战略决策。

B公司是一家中等规模的制造企业，专注于生产工业机械设备。在过去，公司的业务和财务数据分离，导致了信息不一致和决策困难。为了解决这个问题，公司实施了业财融合的方法，具体做法如下。

◆数据整合。B公司整合了其销售、生产、库存和财务数据，这使得公司可以全面了解销售和生产效率对财务绩效的影响。

◆共享平台。B公司采用了ERP系统，将不同部门的数据集中存储。这意味着销售团队、生产团队和财务团队可以使用相同的数据，确保了信息的一致性。

◆自动化流程。B公司实现了订单处理、发票处理和库存管理自动化，有效降低了错误率，提高了整体效率。

◆实时报告。B公司现在能够生成实时财务报告，随时访问最新的数据。这使得管理层可以更快速地做出决策，以应对市场变化。

◆数据分析。B公司采用数据分析工具，分析销售趋势、生产效率和成本变化。这使得管理层能够更好地理解企业经营情况，并及时调整策略。

通过上述案例分析结果可以看出，业财融合可以帮助企业将战略转化为可执行性的计划和行动，并且为企业经营决策提供真实可靠的支持。业务部门需要根据企业战略、市场情况、预算情况和业绩评估标准，制订具体的业务计划和实施方案，以确保企业战略的有效执行。财务部门需要通过对市场环境、竞争对手和企业自身情况的分析，为业务部门提供战略建议和支持。同时，财务部门还需要根据企业战略和市场情况，制定全面的预算和业绩评估标准，以帮助企业实现可持续发展目标。因此，业财融合可以为企业的决策支持、预测和规划提供有力的支持。通过高准度的财务管理，促进业务发展，使企业在市场中始终具有显著优势。

在业财融合过程中，业务部门将数据信息提交给财务部门，由财务部门对其进行整合与分析，从而为业务部门的发展提供保障，实现业财双方相互补充的目标。

首先，业财融合可以提供全面且准确的业务数据和财务数据。在传统的企业运营模式中，业务部门和财务部门各自为政，两者所提供的数据往往存在不准确、不全面、不及时等问题，导致企业决策者难以获得真实可靠的数据支持。而通过业财融合，业务部门和财务部门可以协同工作，共享数据资源，确保数据的全面性和准确性。同时，通过对数据进行整合和分析，可以深入挖掘业务数据和财务数据两者之间的内在联系和规律，为决策者提供更有价值的数据支持。

其次，业财融合可以帮助企业决策者更好地理解和把握业务活动的本质和规律。通过深入了解业务部门的运营模式、市场需求、客户情况等信息，财务部门可以更好地理解业务活动的本质和规律，从而更好地发挥财务管理的支持和引导作用。同时，业务部门也可以通过与财务部门的沟通合作，更好地理解财务数据和财务要求，从而更好地配合财务部门的工作，提高企业的整体运营效率。

再次，业财融合可以为企业决策者提供科学合理的决策方案。通过对数据的分析和挖掘，业财融合可以帮助企业决策者更好地了解企业的运营状况和市场情况，从而更好地制订决策方案。同时，业财融合还可以通过引入现代信息技术和数据分析工具，提高决策的科学性和合理性。例如，采用大数据分析技术对市场数据进行深入挖掘和分析，以帮助企业决策者更好地了解市场需求和趋势，从而更精准地制定市场策略。

最后，业财融合可以提高企业决策的执行效果。通过业财融合，业务部门和财务部门可以相互补充、相互支持，形成协同工作的格局。不仅可以提高企业决策的执行效率和质量，还可以通过监督和反馈机制，及时发现和解决在决策执行过程中存在的问题和困难，确保企业决策得到有效执行。

总之，业财融合为企业经营决策提供了真实可靠的支持。它通过全面且准确的业务数据和财务数据、深入了解业务活动的本质和规律、科学合理的决策方案以及提高企业决策的执行效果等方面，为企业决策者提供了更有价值的数据支持和参考依据。同时，它还可以提高企业的整体运营效率和市场竞争力，推动企业实现可持续发展。

财务可以更好地为业务工作提供保障

C零售集团是一家全球性的零售企业，经营着数百家门店。在过去，该企业的财务和业务数据分离，导致了信息不一致和决策困难。

在开展业务之前，企业需要考虑一系列的财务因素：①企业需要制定详细的财务预算，确保各项业务活动的资金安排；②企业需要对成本进行精细化管理，以降低不必要的开支；③企业需要关注资金管理，确保现金流的稳定，以应对可能出现的风险和挑战。这些财务因素对业务的开展至关重要，直接影响到企业的盈利能力和市场竞争力的提升。

企业关注这些财务因素不是喊口号或者通过制定制度就能实现的，需要进行业务与财务两方面工作的改进，也就是进行业财融合，以帮助企业更好地关注财务因素，抓住和识别财务机会和财务风险。

业财融合将企业内部的业务与财务两项内容结合起来，通过两者的深度融合和相互支持，实现财务对业务的有效监控和管理，同时为业务部门提供有力的财务支持和保障。这种业财融合模式可以使财务更加了解业务需求和实际情况，为业务部门提供更加精准、及时、有效的财务支持和保障。

业财融合要求财务部门必须关注市场变化、政策调整等因素对企业的影响，及时向业务部门提供相关信息和建议。业务部门则需要根据市场变化和客户需求等因素，及时调整业务策略和流程，以抓住市场机会并规避风险。通过业财融合，企业可以更好地应对市场变化和风险挑战。那么，业财融合促使财务更好地为业务工作提供保障，都体现在哪些具体方面呢？

首先，业财融合可以让财务部门更好地了解业务部门的需求和实际情况。在传统的企业运营模式中，财务部门往往只关注自身的数据和报表，对业务部门的实际需求和情况了解得不够深入。而通过业财融合，财务部门可以更加深入地了解业务部门的运营模式、市场需求、客户情况等信息，从而更好地理解业务部门的需求和实际情况。这样就可以为业务部门提供更加精准、及时、有效的财务支持和保障。

其次，业财融合可以实现财务部门对业务部门的有效监控和管理。在业财融合模式下，财务部门可以及时地了解业务部门的财务数据和情况，对业务部门的运营过程进行全面、准确、及时的监控和管理。同时，通过对业务数据的分析和挖掘，可以发现业务部门存在的问题和风险，及时提出建议和改进措施，为业务部门提供更加有效的财务支持和保障。

最后，业财融合可以为业务部门提供更加全面的财务支持和保障。在业财融合模式下，财务部门可以为业务部门提供全面的财务支持和保障，包括资金支持、成本控制、税务筹划、风险管理等方面。同时，财务部门还可以为业务部门提供财务咨询和建议，帮助业务部门更好地实现业务目标和提高效益。

总之，业财融合可以让财务更好地为业务部门工作提供保障。它通过深度融合和相互支持，实现财务部门对业务部门的有效监控和管理，同时为业务部门提供全面的财务支持和保障。这种融合模式不仅可以提高企业的整体运营效率和市场竞争力，还可以提高企业的风险控制能力和可持续发展能力。

加强财务控制监督与防范风险

财务部门需要加强对企业财务活动的监督和管理，确保企业财务信息的真实性和完整性，业财融合可以提高企业财务的透明度和合规性。企业将业务与财务两项内容结合起来,通过两者的深度融合和相互支持,实现财务对业务的有效监控和管理,同时为业务部门提供有力的财务支持和保障。这种融合模式有利于加强财务控制、监督和防范风险,从而提高企业的管理水平和风险控制能力。同时,业务部门也需要遵守相关法律法规和企业规定,确保业务活动的合规性。通过业财融合,企业可以建立完善的内部控制体系,提高企业的治理水平和风险防范能力。

首先,业财融合有助于实现全面的财务监督。传统的财务体系,企业的业务部门与财务部门是分开管理的,这种情况必然出现"信息孤岛"和信息不对称。但业财融合通过整合业务数据和财务数据,使得财务部门可以及时了解业务部门的财务数据和情况,对业务部门的运营过程进行全面、准确、及时的监控和管理,有助于防止潜在的财务违规行为。例如,如果销售部门与财务部门的数据同步,那么财务团队可以更容易地监控销售数据的真实性和准确性,从而减少虚假销售数据的风险。

同时,通过对业务数据的分析和挖掘,财务部门可以发现业务部门存在的问题和风险,及时提出建议和改进措施,为业务部门提供更加有效的财务支持和保障。这种监控和管理可以有效地防范和控制财务风险,提高企业的管理水平和风险控制能力。

其次,业财融合有助于提高风险管理的效率。通过将业务数据和财务数据进行整合,企业能够更快速地识别潜在风险。例如,财务部门发现了采购部门的异常开支,可以采取相应的措施,避免潜在财务风险的发生,保护企业的利益。

同时,通过两者的深度融合和相互支持,业务部门和财务部门可以共同遵守企业制定的财务风险防范制度和规范。这种防范措施可以有效地避免或减少财务风险的发生，提高企业的管理水平和风险控制能力。

再次，业财融合有助于提高内部控制的效力。通过将财务数据与业务数据整合在一起，企业可以更容易地建立内部控制体系，以确保财务流程的合规性和透明度。有助于防止内部欺诈和不当行为，提高企业的经济效益和声誉。

业财融合有助于提高对外部风险的防范。企业面临各种外部风险，如市场波动、竞争压力、政策变化等。通过整合财务数据和业务数据，企业可以更好地了解自身的财务状况，有助于更好地预测和应对外部风险。可以帮助企业更好地规避潜在的风险，提高其稳定性和可持续性。

最后，业财融合有助于提高企业的管理效率。通过整合财务数据和业务数据，企业能够更快速、更准确地生成财务报表和经营分析结果，有助于管理层更好地了解企业的财务状况和经营绩效。这有助于企业及时做出决策，提高管理效率，降低潜在的风险。

综上所述，业财融合对于加强财务控制、监督和防范风险具有明显的优势。通过整合业务数据和财务数据，企业能够实现更全面的监督，更高效的风险管理，更强大的内部控制，更及时地对外部风险进行防范，以及更高效的管理。有助于提高企业的稳定性和可持续性，为其长期发展创造有利条件。

下面，用一个案例来直观呈现业财融合有利于加强财务控制、监督与防范风险的实际操作情况。

D公司是一家大型制造企业，其生产过程涉及多个环节和供应商。在过去，该公司存在一些问题，如供应商管理不善、采购成本过高、生产效率低下等。为了解决这些问题，该公司决定实施业财融合措施。

具体而言，该公司首先成立了跨部门的项目管理团队（内部称为项目组），负责推进业财融合工作。团队成员包括来自业务部门和财务部门的代表，以及一些其他相关部门的代表。该团队的主要任务是梳理业务流程、分析存在的问题、制定改进措施等。

在供应商管理方面，该项目组重新梳理了供应商名录，并对供应商的资质、业绩、信誉等方面进行了全面评估。同时，该项目组还建立了供应商评估机制，以便定期对供应商进行评估和审计。这些措施有效地提高了供应商的管理水平，降低了采购成本。

在采购成本方面，该项目组对采购流程进行了优化，引入了集中采购模式。通过集中采购，该公司可以获得更好的价格谈判优势和更高的采购效率。同时，该项目组还加强了对采购过程的监控和管理，防止出现腐败等问题。这些措施有效地降低了该公司的采购成本。

在生产效率方面，该项目组通过对生产流程的分析和优化，提高了生产效率和质量水平。同时，该项目组还引入了精益生产等先进的管理方法和技术手段，进一步提高了生产效率和质量水平。

总之，业财融合有利于加强财务控制、监督与防范风险。通过将财务与业务的深度融合和相互支持，业务部门和财务部门可以共同遵守企业制定的财务制度和规范，提高企业财务的透明度和规范性，促进企业的内部控制，防范企业的财务风险等，进而提高企业的管理水平和风险控制能力。

有利于企业融资和企业价值展现

融资对于企业的生存和发展至关重要。传统上，企业融资主要通过银行贷款、股权融资和债务融资的方式来实现。然而，随着企业管理模式的不断升级和技术的不断发展，建立在业财融合基础上的融资成为备受关注的话题。

企业价值观是企业及其员工在长期经营实践中形成的共同价值观和理念，它反映了企业的文化、使命和战略目标。业财融合作为企业管理的一种新模式，将业务与财务相结合，不仅有利于提高企业的管理水平和效率，还有利于展现企业的价值观。

下面，对业财融合有利于企业融资和企业价值观展现分别进行详细阐述。

1. 业财融合有利于企业融资

业财融合可以帮助企业更好地了解自身的财务状况和业务需求，从而制订更加科学合理的融资计划；业财融合可以增强企业的风险管理能力和资本运作效率，从而降低融资风险；业财融合可以提高企业的运营效率和质量，从而增加企业的融资吸引力，并辅助扩展融资渠道；业财融合可以为企业融资提供更加全面、准确、及时的数据支持和参考依据，从而降低融资成本。

（1）业财融合可以提供全面的融资信息。业财融合通过整合财务数据和业务数据，可以为企业提供全面的融资信息，使得企业在融资过程中更容易向投资者传达其真实的财务状况和经营绩效。一家企业如果能够清楚地展示其业务运营情况和财务状况，将更容易吸引投资者的兴趣。

阿里巴巴（Alibaba）是一家全球知名的电子商务巨头，其整合了财务数据与电商平台的业务数据，使得投资者能够深入了解其庞大的电商生态系统。这帮助阿里巴巴（Alibaba）成功进行多轮融资，包括在中国香港和美国上市，吸引了众多投资者的资金。

（2）提高融资的效率和透明度。业财融合不仅可以提供全面的融资信息，还提高了融资的效率和透明度。通过数字化财务流程和业务运营，企业可以更迅速地完成融资交易，减少了烦琐的纸质工作和人工处理。此外，透明的财务数据也降低了融资风险，提高了投资者的信任度。

美国Square公司是一家移动支付和金融服务公司，其以数字化的方式整合了财务数据和支付业务。使得Square公司能够更快速地获得融资，包括在首次公开募股（IPO）和债务融资方面。其财务透明度和数字化流程吸引了众多投资者，帮助企业融资规模不断扩大。

（3）提供更多的融资渠道。业财融合为企业提供了更多的融资渠道。传统的融资方式主要依赖于银行和股权市场，而业财融合使得企业能够更灵活地探索不同的融资途径，如供应链融资、基于数据的融资和数字化债务融资。

蚂蚁金服（Ant Group）是一家著名的金融科技公司，其依托业财融合，推出了数字化债务融资产品，包括供应链金融服务。这些产品为中小微企业提供了更多的融资渠道，帮助它们更容易获得融资支持，从而推动经济增长。

（4）降低融资成本。业财融合还可以帮助企业降低融资成本。通过数字化流程，减少了人力成本和时间成本，提高了融资的效率。此外，通过提高融资的透明度和财务状况，也使得企业更容易获得更有利的融资条件。

美国访问量最大的房地产网站之一 Zillow 是一家在线提供房地产估价服务的公司，其通过整合财务数据和房地产数据，成功获得低成本融资。该公司通过发行债券融资来扩展其房地产业务，由于其良好的财务透明度和数据分析能力，融资成本相对较低。

通过案例分析，可以看到许多成功企业已经充分利用了业财融合的优势来实现融资目标。未来，业财融合将继续在企业融资领域发挥重要作用，为企业创造更多的融资机会和竞争优势。

2. 业财融合有利于企业价值观展现

在业财融合模式下，财务部门和业务部门之间的沟通更加密切，这为企业价值观在内部传播提供了有利条件。业财融合还可以通过建立有效的激励机制和惩罚措施，引导员工的行为符合企业的价值观和战略目标。在业财融合模式下，企业可以通过将自身的价值观传递给员工和客户，有利于树立积极向上、诚信负责的企业形象。同时，企业还可以通过在产品和服务中融入自身的价值观和文化特色来打造独特的品牌形象。这些都有助于提升企业的竞争力和市场占有率，进一步展现企业的价值观。

（1）企业价值观的数字化呈现。业财融合通过整合业务数据和财务数据，使企业的价值观得以数字化呈现。这不仅包括在财务报告和官方文件中体现，还可以通过实际的业务运营来实现。数字化价值观有助于员工更好地理解和实践企业文化，同时也让企业外部利益相关者更容易了解企业的价值观。

美国 Salesforce 是一款可将公司和客户联系在一起的客户关系管理解决方案，是一家著名的云计算和客户关系管理软件公司，以"公司第一、社会第二"为核心价值观。该公司积极参与社会公益事业，通过数字化方式将这一价值观呈现给员工和公司外部利益相关者。其财务数据与社会责任数据的整合，使得这一价值观得以清晰而可衡量的方式展现出来。

（2）可量化的社会责任和可持续性表现。业财融合有助于企业将社会责任和可持续性表现融入其价值观。通过数字化财务数据，企业能够更准确地测量和报告其社会和环境影响，从而展示其对可持续性的承诺。这种可量化的社会责任和可持续性表现，将企业的价值观与实际行动相连接。

联合利华（Unilever）是一家跨国消费品公司，其以可持续发展和社会责任为核心价值观之一。该公司通过数字化财务数据与环境、社会责任数据的整合，能够清晰地展示其对可持续性的承诺和实际成就。有助于赢得消费者和投资者的信任，同时也推动了可持续性议程。

（3）价值观与业绩的关联。业财融合有助于建立企业价值观与业绩之间的关联。通过数字化数据分析，企业可以更好地了解其业绩与价值观之间的联系。使得企业能够更有针对性地调整策略，以实现其价值观所体现的目标。

巴塔哥尼亚（Patagonia）是一家以可持续性和环保为核心价值观的户外服装公司。该公司通过数字化分析，将其可持续性举措与业绩联系起来，如材料的再利用和环保倡导活动。不仅有助于实现其价值观，还推动了业务的增长。

（4）增强员工忠诚度。业财融合有助于增强员工对企业价值观的认同和忠诚度。当员工能够直观地看到企业如何在财务和业务活动中实现其价值观时，他们更有可能积极参与，并认同这些价值观。

谷歌（Google）是一家全球知名的科技公司，其价值观包括"以用户为中心"等。该公司通过数字化财务数据，与员工分享公司在可持续性、多元化和创新方面的表现。有助于员工更好地理解公司的价值观，增强他们对公司的忠诚度。

通过案例分析，可以看到许多成功企业如何巧妙地利用业财融合来展现其价值观，不仅实现了商业目标，还实现了社会责任和可持续性目标。未来，业财融合将继续在企业文化和价值观传播中发挥关键作用，为企业的长期成功和社会影响创造更多的机会。

第四章　业财融合对业务人员和财务人员的能力要求

业财融合对于具体的从业人员的能力要求就与以往不同了，它要求业务部门必须更多关注财务数据，以便更好地理解他们的绩效和资源分配；财务部门也要深入了解业务运营，并积极参与战略决策过程。

业务人员除了具备基本的业务知识和技能以外，还需要了解财务知识、管理知识以及投资知识。并且具备全局观念，能够从企业整体角度出发，全面、深入地理解业务与财务之间的关系。

财务人员需要具备扎实的财务专业知识、丰富的实践经验以及敏锐的职业判断力。同时，需要深入了解企业的业务运营模式、市场状况以及行业发展趋势。

业务人员必须熟悉企业的财务结构

企业的财务结构是企业运营的重要组成部分，涵盖了财务报表、预算、成本结构、资本结构等各个方面，对于企业的经营和决策具有重要的影响。虽然财务结构通常由财务部门管理，但业务人员也必须对企业的财务结构有一定的了解。本节将详细论述为什么业务人员必须熟悉企业的财务结构，并讨论这一知识对于他们的职业发展和企业成功的重要性。

（1）了解企业的财务结构，可以帮助业务人员更好地理解企业的绩效。企业的财务报表和指标提供了有关企业盈利能力、流动性、财务稳健性等重要信息。业务人员如果能够准确解读这些数据，那么就可以更准确地评估自己所在的业务部门在企业绩效中的贡献值的大小。例如，销售团队了解企业的销售收入和毛利润，供应链团队了解成本结构，这些信息有助于他们更好地了解业务绩效，从而采取更有针对性的措施。

（2）了解企业的财务结构有助于业务人员更好地管理预算和成本。预算是业务决策的基础，业务人员必须了解如何编制和管理预算，以确保其部门在预算内运营。此外，了解成本结构和效益分析有助于业务人员更好地掌握成本控制的方法。例如，如果市场销售情况不如预期，那么销售团队需要了解如何调整支出，以保持产品成本与收入二者之间的平衡。这需要对成木结构和支出的了解，以做出明智的决策。

（3）了解企业的财务结构提高了业务人员的沟通和决策能力。业务人员在与财务团队和高管层交流时，能够使用正确的财务术语和理解财务报表，有助于更有效地沟通。此外，了解企业的财务情况使业务人员更能够参与战略决策，为企业的长期成功贡献更多价值。例如，苹果公司的成功，部分原因是缘于其业务人员对财务结构的了解。苹果的销售团队和产品团队与财务团队紧密协作，他们了解产品成本、市场定价和销售趋势，有助于苹果制定价格策略和做市场定位，从而实现了高利润和市场份额的增长。

（4）企业的不同部门之间需要进行合作和协调，以实现共同的目标。

业务人员了解企业的财务结构有助于不同部门之间更好地合作。这样业务人员可以更好地理解其他部门的需求和挑战，从而更好地协助解决问题和实现目标。例如，市场部门了解销售预算，生产部门了解成本结构，这些了解有助于不同部门之间更好地协作，以满足市场需求并控制产品成本。

（5）对于业务人员而言，了解企业的财务结构也是促进个人职业发展的机会。这种知识不仅可以增加竞争力，还可能为晋升和领导职位提供更多机会。企业通常寻求具有财务洞察力的业务人员，因为他们在决策中能够更全面地考虑财务因素。例如，通用电气（General Electric）前CEO杰克·韦尔奇就是典型的例子。韦尔奇曾是该公司的财务主管，后来逐步晋升成为通用电气CEO。他的财务背景使其能够领导公司实施重大的战略转型，并取得了巨大成功。

总而言之，业务人员必须熟悉企业的财务结构，因为这有助于他们更好地理解企业绩效、改进预算和成本管理、提高沟通与决策能力、促进跨职能部门间的合作，并为个人职业发展提供机会。企业价值链上的每个环节都与财务相关，因此，业务人员的财务知识不仅增加了企业的竞争力，也有助于个人在职业生涯中取得更多的成功。

业务人员必须具备的四项财务能力

业务人员在现代商业环境中需要具备多种财务能力，这些能力对于他们在组织内部和外部的工作中都至关重要。这些能力可以大致分为财务管理能力、财务活动能力、财务关系能力和财务表现能力（见图4-1）。

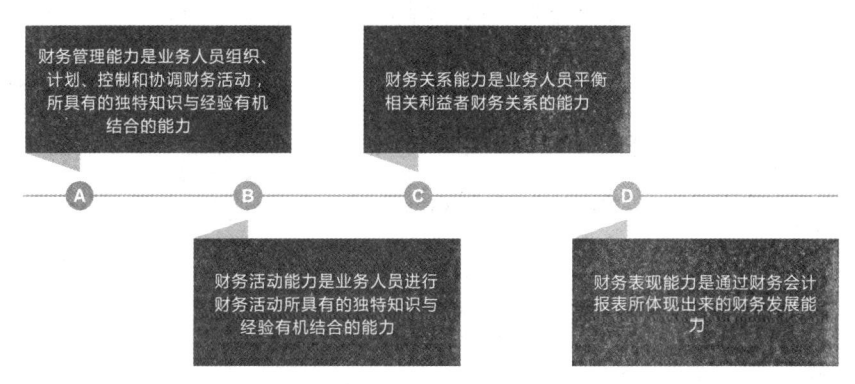

A 财务管理能力是业务人员组织、计划、控制和协调财务活动，所具有的独特知识与经验有机结合的能力

B 财务活动能力是业务人员进行财务活动所具有的独特知识与经验有机结合的能力

C 财务关系能力是业务人员平衡相关利益者财务关系的能力

D 财务表现能力是通过财务会计报表所体现出来的财务发展能力

图4-1　业务人员必须具备的四项财务能力

1. 财务管理能力

财务管理能力是业务人员在管理财务资源方面的核心能力。且为了应对不断变化的市场环境和竞争压力，需要具备更多方面的财务管理能力，具体包括以下八个方面：

（1）预算规划能力。业务人员需要掌握预算规划的方法和技巧，包括如何制订预算计划、控制预算执行、分析预算差异等。预算规划可以帮助企业合理分配资源，提高经营效率，实现业务目标。

（2）成本控制能力。通过采取一系列措施，将企业的成本控制在合理范围内，以提高盈利能力和竞争力。业务人员需要了解成本控制的方法和技巧，如成本核算、成本分析和成本优化等，以便在业务决策中充分考虑成本因素，实现企业的经济效益目标。

（3）财务决策能力。业务人员需要了解财务决策的基本原理和方法，掌握如何根据市场需求和企业实际情况制定合理的财务策略。包括对财务报表的分析、预算的制定和执行、成本的监控以及风险的控制等方面。通过这些技能，业务人员能够对企业财务状况进行全面了解，并根据实际情况做出科学、合理的财务决策，以支持企业整体战略目标的实现。

（4）税务筹划能力。根据国家的税收政策和法规，合理规划企业的税务策略，以降低税务负担和提高经济效益。业务人员需要了解基本的税收法规和政策，掌握税务规划的方法和技巧，如合理安排企业的组织结构和运营模式、选择合适的供应商和客户等。

（5）风险管理能力。财务风险是企业在经营过程中面临的各种可能导致经济损失的风险因素。业务人员需要具备财务风险管理的意识和能力，包括识别财务风险、评估风险大小、制定应对措施等。

（6）财务控制能力。业务人员在参与企业运营过程中，需要具备对财务活动进行控制和管理的能力。包括对财务报表的审核、财务数据的分析、预算的制定和执行、成本的监控以及风险的控制等方面。通过财务控制，业务人员能够确保企业的财务活动符合法律法规和企业内部规章制度的要求，同时能够实现企业财务目标的最大化。

（7）财务创新能力。业务人员在面对不断变化的市场环境和竞争压力时，需要具备创新思维和创新能力，以推动企业的财务活动不断适应新的挑战和变化。包括对财务报表的优化、财务流程的改进、税务筹划的创新、成本结构的优化以及投资决策的创造性等方面。通过财务创新，业务人员能够提高企业的财务管理水平和效率，降低成本、提高收益并实现可持续发展。

（8）财务报告能力。业务人员需要了解财务报告的编制和分析，包括财务报表、业绩报告等。掌握财务报告的方法和技巧可以帮助企业了解自身经营状况，制定更加合理的业务策略。

在商业中，有效的财务管理能力可以确保企业组织能够稳健运营，实现盈利并保持财务健康。业务人员必须能够分析财务数据，预测未来的财务需求，并制定战略来实现财务目标。这种能力还包括对财务法规和税务政策的了解，以确保企业组织的财务活动的合法合规。

2.财务活动能力

财务活动能力是业务人员必须具备的日常财务操作技能。包括但不限于以下一些常见能力：

（1）理解财务报表能力。财务报表是反映企业财务状况的重要工具，业务人员需要具备阅读和分析财务报表的能力。包括理解资产负债表、利润表和现金流量表的基本构成要素和钩稽关系，以及如何通过财务报表数据评估企业的财务状况和经营绩效。

（2）财务数据分析能力。运用一定的方法和技巧，对财务报表和其他财务数据进行深入挖掘和分析，以获取有关企业运营状况的有用信息。业务人员需要掌握财务数据分析的技巧和方法，如比率分析、趋势分析和因素分析等，以便更好地理解企业的财务状况和市场趋势。

（3）投资决策能力。投资决策是企业根据市场需求和自身条件，决定是否投入资源进行某项业务或项目的活动。业务人员需要了解投资决策的基本原理和方法，如投资回报率、净现值和内部收益率等，以便在投资决策中充分考虑财务因素和非财务因素，做出科学合理的决策。

（4）融资策略能力。融资策略是企业根据自身情况和市场条件，选择合适的融资方式和渠道，以满足企业资金需求和降低融资成本。业务人员需要了解各种融资方式和渠道的特点与适用条件，如股权融资、债权融资和混合融资等，以便在制定业务策略时充分考虑资金需求和融资成本等因素。

（5）资金运用能力。业务人员能够合理规划和运用企业的资金，实现资金的有效利用和投资回报的最大化。业务人员需要了解资金运用的基本原理和方法，掌握投资决策的技巧和风险管理的能力。通过合理的资金运用，企业可以扩大规模、提高市场竞争力，实现可持续发展。

（6）资金分配能力。业务人员能够根据企业的实际情况和战略目标，合理分配资金资源，实现企业的整体效益最大化。业务人员需要了解资金分配的基本原理和方法，掌握如何根据市场需求和企业实际情况制定合理的资金分配策略。通过科学、合理的资金分配，企业可以优化资源配置、提高经营效率，实现稳定发展。

（7）法规遵守能力。企业在经营活动中必须遵守相关法律法规和政策规定，以确保企业合法运营和合规经营。业务人员需要了解和遵守与企业运营相关的法律法规和政策规定，包括了解财务报告的要求和标准、税务法规、内部控制要求等。通过遵守法规，业务人员可以确保企业的财务活动合法合规，同时也可以避免因违规行为而带来的风险和损失。

业务人员必须具备财务活动能力，以适应企业运营的需要。通过不断提升自身在财务活动中的各项能力，业务人员将能够更好地参与企业的财务活动决策和实践，为企业创造更多的价值。

3.财务关系能力

财务关系能力强调了业务人员与企业内部和企业外部利益相关者之间

的沟通和合作。良好的财务关系能力可以帮助业务人员更好地理解企业的财务要求和目标，同时也可以提高企业的整体运营效率。包括但不限于以下一些能力：

（1）沟通能力。沟通能力是建立和维护良好财务关系的基础。业务人员需要能够清晰地表达自己的意见和需求，并能够倾听和理解财务部门的意见和建议。通过有效的沟通，业务人员可以更清晰地向财务部门传达自己的业务需求和目标。

（2）合作能力。业务人员需要具备与财务部门合作的能力，以便共同实现企业的战略目标。包括了解财务部门的职责和目标，尊重其专业知识和意见，并能够积极参与和推动双方的合作。通过合作，业务人员可以更精确地利用财务资源来支持业务发展。

（3）数据分析能力。数据分析能力是指对企业的财务数据进行分析、解释和应用的能力。业务人员需要能够理解财务报表的基本要素和钩稽关系，并能根据财务数据评估企业的财务状况和市场趋势。通过数据分析，业务人员可以更好地了解企业的财务状况，并为业务决策提供有力的支持。

（4）决策支持能力。决策支持能力是指为业务决策提供财务支持和建议的能力。业务人员需要了解财务数据背后的业务含义，并能根据财务状况评估业务决策的可行性和风险。通过决策支持，业务人员可以更好地理解企业的财务目标，为业务决策提供有力的保障。

（5）学习能力。随着企业运营的不断变化和发展，业务人员需要具备不断学习和适应的能力。包括了解新的财务报告要求和标准、税务法规、内部控制要求等，以便更好地适应企业的运营需求和变化。通过学习，业务人员可以不断提高自身的财务关系能力，并为企业的发展提供更好的支持。

业务人员必须具备财务关系能力，以促进企业运营的协调和高效。通过不断提升自身各项财务关系能力，业务人员将能够更好地与财务部门合作，共同实现企业的战略目标，并推动可持续发展。

4. 财务表现能力

财务表现能力关注企业的财务绩效和成果。良好的财务表现能力可以帮助业务人员更好地理解企业运营状况，制定更加合理的业务策略，并为企业创造更多的价值。

（1）分析企业盈利能力。分析企业盈利能力是业务人员评估企业运营效益的重要方式。业务人员需要了解盈利能力的概念和指标，如毛利率、净利率、营业利润率等，以帮助企业评估其运营效益和未来发展潜力。通过对企业盈利能力的分析，业务人员可以发现企业运营中存在的问题和改进方向。

（2）分析企业偿债能力。分析企业偿债能力是业务人员评估企业财务风险的重要方式。业务人员需要了解偿债能力的概念和指标，如流动比率、速动比率、资产负债率等，以帮助企业评估其债务偿还能力和风险控制能力。通过对企业偿债能力的分析，业务人员可以发现企业债务管理方面存在的问题和改进方向。

（3）分析企业营运能力。分析企业营运能力是业务人员评估企业资产管理和运用效率的重要方式。业务人员需要了解营运能力的概念和指标，如存货周转率、应收账款周转率、总资产周转率等，以帮助企业评估其资产管理和运用效率。通过对企业营运能力的分析，业务人员可以发现企业在资产管理和运用方面存在的问题和改进方向。

（4）分析企业成长能力。分析企业成长能力是业务人员评估企业未来发展潜力和趋势的重要方式。业务人员需要了解成长能力的概念和指标，如收入增长率、利润增长率、市值增长率等，以帮助企业评估其未来发展潜力和趋势。通过对企业成长能力的分析，业务人员可以发现企业在未来发展中存在的问题和改进方向。

（5）分析社会认可能力。分析社会认可能力是业务人员评估企业在社会中的认可度和信誉度的重要方式。业务人员需要了解社会认可的概念和指标，如品牌知名度、客户满意度、媒体曝光度等，以帮助企业评估其在社会中的认可度和信誉度。通过对社会认可能力的分析，业务人员可以发现企业在社会认可方面存在的问题和改进方向。

综上所述，通过不断提高自身在这些方面的能力，业务人员将能够更好地参与企业的运营和管理过程，为企业创造更多的价值并推动其长期发展。

总之，业务人员需要在财务管理、财务活动、财务关系和财务表现方面具备广泛的能力。这些能力对于确保企业的财务健康和成功至关重要，同时也对业务人员的职业发展至关重要。通过不断学习和培养这些能力，业务人员可以更好地满足不断变化的商业环境中的挑战，实现个人和企业的成功。

财务人员应从事务性和审批性工作中抽身

财务人员在企业组织中扮演着至关重要的角色，他们负责处理资金、账务、报表等与财务相关的事务。在这一过程中，财务人员面临着各种任务，有些是务必完成的事务性工作，而有些则是需要经过审批和决策的审批性工作。因此，财务人员往往会陷入大量的事务性和审批性工作中，这不仅消耗了大量的时间和精力，还可能影响财务工作的质量和效率。

本节标题是让财务人员从事务性工作和审批性工作中抽身，并不是说事务性工作和审批性工作缺少价值，其实这两类工作对于企业经营管理的价值是非常高的。具体表现在以下几个方面。

◆事务性工作的价值。事务性工作是财务人员日常职责的重要组成部分，包括处理账单、发票、凭证、记录交易、核对账目等任务。虽然这些工作看似琐碎，但它们是财务体系的基础，如果出现错误，会导致财务数据的不准确性，从而对企业的决策和稳健经营产生负面影响。因此，事务性工作的完成至关重要，它确保了财务信息的可靠性。

◆审批性工作的价值。审批性工作是需要具备财务专业知识和判断力的工作，如审批财务报表、决定投资、批准预算等。这些任务要求财务人员对企业的财务状况有深入的了解，并能为企业的战略决策提供支持。审批性工作不仅仅是数据的批准，更是对数据的解释、分析和战略规划。这种工作有助于确保企业的财务健康，支持战略目标的实现。

但是，再具有价值的工作，也不表示越多做越好，也需要适可而止。下面将以一个具体的案例为出发点，详细论述财务人员应该如何从事务性和审批性工作中抽身出来，以便更好地专注于高价值的工作。

某制造企业是一家跨国公司，其财务部门有超过50名员工。然而，财务部门面临着诸多问题，主要表现在繁重的事务性工作和烦琐的审批流程上：

◆事务性工作繁重。财务部门的员工们每天都要处理大量的发票、单据和报销申请。这些事务性工作占据了他们大量的时间，导致他们很难有时间去深入分析公司的财务数据，或者去寻找降低成本、提高效率的途径。

◆审批流程繁琐。该公司的审批流程非常繁琐，每一个报销单据或者合同都需要多个级别的审批。这样不仅浪费了大量的时间，也增加了出现错误的风险。

因为财务人员被越来越烦琐的事务性和审批性工作缠住，导致一些更为重要的工作无暇顾及，公司因此在某些利益点上反复遭受损失。痛定思痛之后，该公司决定解决这些问题，为此采取了以下措施。

（1）自动化和数字化。引入一套自动化处理系统，可以自动处理大部分的发票和单据；引入一套数字化审批系统，可以自动进行报销单据和合同的审批流程。在这两套自动化系统的加持下，极大地减少了财务部门员工的事务性工作量，也提高了审批性工作的效率和准确性。

（2）优化流程。对财务流程进行全面优化，减少了不必要的环节和步骤。例如，简化了报销流程，取消了一些不必要的审批环节，使得整个流程更加高效，节省了员工的时间。

（3）培训和发展。为员工提供培训和发展的机会，帮助他们提升技能和知识水平，使得员工能够更好地理解和掌握新的系统和流程，提高他们的工作效率和质量。

经过半年多的逐步改造，虽然中途经历一些波折，但这些改进措施仍然坚持下来了，该公司的财务部门取得了三项显著成果：一是事务性工作量减少了80%，财务部门的员工有更多的时间进行数据分析和其他高价值的工作；二是审批流程的效率提高了60%，用于报销和合同审批的时间大大缩短；三是员工的工作满意度提高了30%，他们感到自己的工作更有价值和意义。

这个案例告诉我们，财务人员应该从事务性和审批性工作中抽身出来，将更多的时间和精力投入高价值的工作中。具体来说，除了可以通过自动化和数字化、优化流程、培训和发展来实现这一目标外，企业还可以通过以下方法对自己的工作进行升级改善。

（1）专注于高价值工作。鼓励财务部门的员工将更多的时间和精力投入数据分析、财务规划、成本控制以及风险管理等高价值的工作中。

（2）提高团队合作。建立高效的团队合作机制，使财务部门的员工能够更好地协同工作，分享经验和知识，以提高整体工作效率和质量，促进员工之间的相互成长。

（3）创新和探索。鼓励财务部门的员工积极探索新的财务理念和技术，不断创新和改进工作方式和方法，使企业在财务领域保持领先地位，提高企业的整体竞争力。

（4）定期评估和改进。定期评估财务工作的效率和效果，针对存在的问题进行改进，帮助企业持续优化财务管理工作，提高企业的整体运营水平。

在现代商业环境中，财务人员的角色不仅仅是处理数字，更是战略合作伙伴，他们的作用远不止处理事务性和审批性工作。通过以上措施的实施，财务人员可以从繁重的事务性和审批性工作中解脱出来，将更多的时间和精力投入高价值的工作中，由此企业的整体运营水平可以得到提高。

更重要的是，这样能为企业在全球化的竞争环境中提供更强的竞争力，为企业创造更多的价值。

财务人员的风险控制思维从合规化向价值创造转移

随着全球经济环境的不断变化和金融市场的不确定性增加，财务人员的角色正在经历重大转变。传统上，财务人员主要关注合规性和风险控制，以确保企业遵守法规和规范的经营。然而，随着时间的推移，财务人员的思维方式逐渐从合规化向更注重价值创造的方向发展。这一转变是必要的，因为它有助于企业更好地适应快速变化的商业环境，提高竞争力，实现可持续增长。

之所以传统的财务管理中更加注重合规化，是因为合规性一直是企业财务管理的基石，涵盖了财务报告准确性、税收合规、财务伦理等方面。财务人员的主要职责是确保企业的财务活动符合相关的法律、法规和会计准则的同时，维护财务数据的完整性和可靠性。这一传统职责的重要性不容忽视，因为缺乏合规性可能导致法律问题、财务损失和声誉损害。

合规化与风险控制紧密相关。在过去，财务人员主要通过确保合规性来减少风险，他们强调内部控制和审计，以发现和纠正潜在的问题。这种风险控制思维在发生金融危机后变得更加突出，企业开始更加重视遵循法规，以避免出现潜在的灾难性后果。

合规化思维体现了财务工作的谨慎性和保守性，强调了避免违规行为和降低财务风险。然而，这种思维往往限制了财务人员的视野，使他们过于关注细节而忽视了企业的整体战略和长期价值创造。

然而，随着商业环境的不断演变，财务人员需要具备超越合规化的思维，将关注点转向价值创造。这并不意味着合规性不再重要，而是因为合规性已经成为实现价值创造的基础。

价值创造是现代财务管理的核心理念之一，强调财务人员需要积极参与到企业的战略决策和价值管理中。财务人员现在需要更深入地了解业务运营，参与战略决策，以便更好地识别机会并降低潜在的风险。以下是财务人员从合规化思维向价值创造思维转移的五个方面。

（1）战略参与。价值创造思维要求财务人员具备战略视野，积极参与企业的战略规划和决策。他们需要了解企业的业务模式、行业趋势和市场竞争情况，以制定支持企业战略目标的财务策略。

（2）风险管理。价值创造思维强调了风险管理的战略重要性。财务人员需要运用先进的财务分析工具和技术，识别和评估潜在的财务风险，并采取有效的风险管理措施降低风险。

（3）投资决策。价值创造思维要求财务人员在投资决策中发挥关键作用。他们需要运用财务分析和估值方法，对不同的投资机会进行评估和选择，以确保企业的投资活动能够为企业创造长期价值。

（4）绩效评估。价值创造思维强调了绩效评估的重要性。财务人员需要制定合理的财务指标和评价体系，以评估企业的经营绩效和价值创造能力。他们还需要将绩效评估结果反馈给企业管理层，以帮助改进决策和提升企业价值。

（5）沟通协调。价值创造思维要求财务人员具备良好的沟通协调技巧。他们需要与内部各部门保持密切合作，确保财务信息的准确性和及时性，同时还需要与投资者、债权人和其他利益相关者进行有效的沟通和协调。

某跨国公司在一次市场变革中陷入困境。依据传统的财务管理，财务部门主要关注合规性和成本控制，但这不足以使企业适应市场的迅速变化。因此，该公司决定实施新的风险控制思维方式，加强数据分析，预测市场趋势，提前识别潜在风险。财务部门与销售部门和市场部门展开了密切协作，以便更好地了解客户需求。结果，该公司不仅避免了风险，还发现了新的增长机会，实现了价值创造。后来，该公司将新的风险控制思维在内部广泛推广，成为财务人员必须具备价值创造能力的依据（见图4-2）。

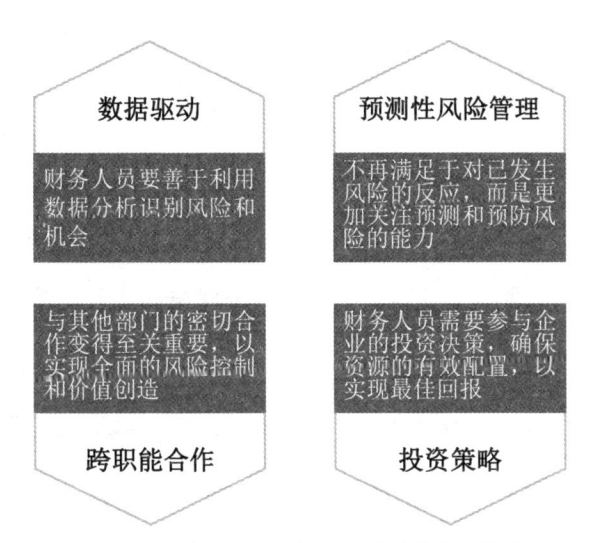

数据驱动：财务人员要善于利用数据分析识别风险和机会

预测性风险管理：不再满足于对已发生风险的反应，而是更加关注预测和预防风险的能力

跨职能合作：与其他部门的密切合作变得至关重要，以实现全面的风险控制和价值创造

投资策略：财务人员需要参与企业的投资决策，确保资源的有效配置，以实现最佳回报

图4-2 某跨国公司财务人员的价值创造能力

总之，财务人员的风险控制思维从合规化向价值创造转移是一个重要的转变，反映了现代财务管理的最新理念和实践。这种转变强调了财务人

员从传统的合规和风险控制角色向更积极、更具有战略性的角色转变，有助于财务人员更好地理解企业的战略目标和发展方向，发挥他们在价值创造过程中的重要作用，以支持企业的整体价值创造。

精通财务与业务的复合型人才更能驾驭财务管理工作

本节标题强调的是，财务管理领域需要具备综合能力的人才。

财务管理是企业经营过程中至关重要的一环，但它不是孤立的。财务决策需要考虑到企业的业务需求，因为财务决策会直接影响到企业的运营、发展和竞争力。复合型人才能够更好地理解业务部门的需求，会主动地与其合作，确保财务战略与业务战略的目标相一致。也就是说，精通财务与业务的复合型人才在财务管理方面更具有优势，他们更能驾驭财务管理工作，为企业创造更大的价值。以下是对这一观点的详细论述。

（1）财务与业务紧密相连。企业的财务状况和业务运营密切相关。财务是为企业业务服务的，而企业的业务发展又需要财务提供支持和保障。因此，精通财务与业务的复合型人才能够更好地理解企业的业务需求，为业务提供有效的财务支持和保障。

（2）战略思维。精通财务与业务的复合型人才能够将财务战略与企业整体战略相结合，从企业战略的角度出发，制定和执行财务管理策略。他们能够根据企业的战略目标和市场需求，调整和优化财务结构，降低财务风险，提高财务绩效。

（3）决策支持。精通财务与业务的复合型人才可以为企业的重大决策提供有力的支持。他们能够运用财务知识和业务理解，对投资项目、市场机会和商业模式进行深入的分析和评估。还能够根据市场变化和业务需求，及时调整财务策略，为企业决策提供可靠的支持。

（4）风险管理。精通财务与业务的复合型人才能够识别和评估潜在的财务风险，并采取有效的措施对其进行防范和控制。他们还能够根据业务需求和财务状况，制定合理的风险应对策略，确保企业的稳健发展。

（5）绩效管理。精通财务与业务的复合型人才能够将财务指标和业务目标相结合，制定合理的绩效评估体系。还能够通过对绩效数据的分析和解读，为业务部门提供有针对性的改进建议，推动业务绩效的提升。

（6）团队领导。精通财务与业务的复合型人才能够更好地理解团队成员的需求和关切点，为团队提供有效的支持和指导。还能够协调不同部门之间的合作，促进财务与业务的协同发展。

（7）沟通技能。财务信息常常需要与非财务人员分享和解释。精通财务与业务的复合型人才具备出色的沟通技能，能够以简单明了的方式向非专业人士传达财务概念，有助于整个企业更好地理解和支持财务决策。

因此，精通财务与业务的复合型人才更容易驾驭财务管理，因为他们不仅具备财务专业知识，还具备广泛的业务理解和综合能力，能够更好地支持企业实现财务目标并适应变化。为了培养这类人才，企业需要加强员工的培训和学习，提供跨部门、跨岗位的实践机会，鼓励员工不断拓展自己的知识和技能。

第五章　业财融合是业务与财务的双向融合

业务部门是企业实现价值创造的核心部门,财务部门则负责企业的财务管理和决策支持。在业财融合中,业务部门和财务部门需要相互配合,发挥各自的优势,协同工作,以提高企业的效率。业务部门需要与财务部门保持密切沟通,确保业务活动符合财务政策和规定;财务部门需要深入了解业务部门的需求和流程,为业务部门提供专业的财务支持和建议。

业财融合是财务向业务环节纵深延伸的一种方式

业财融合是一种综合性的管理方式,不仅涉及企业内部的业务流程和信息系统的整合,还涉及企业与外部利益相关者之间的合作和交流。

业财融合的核心是信息的集成和共享。财务部门和业务部门之间信息的共享,可以帮助企业更好地了解自身的运营情况,及时发现和解决问题。这就要求企业内部的财务部门向业务环节纵深延伸,拓宽并提高财务管理水平,帮助企业更好地应对市场变化和风险挑战。

财务向业务环节纵深延伸,就是要求财务部门不再仅仅扮演财务管理的角色,而是深度融入业务运营的各个方面,涉及战略制定、决策支持和业务运营的各个方面。这种深度融合要求财务部门参与业务计划、预算编制、业务分析以及绩效监控。财务向业务环节纵深延伸具有多重优势,具体如下。

◆更好的决策支持。深度融合可以使财务部门能够提供更准确的数据和分析结果,从而支持更好的业务决策。

◆成本控制。通过深入了解业务过程有助于识别成本节约的机会,减少浪费。

◆资本优化。财务与业务的深度协作有助于更好地配置资本,提高资源的使用效率。

◆客户满意度。业务和财务协作有助于提供更好的客户体验,更好地满足客户需求。

现在我们已经了解了财务向业务环节纵深延伸对于企业业财融合实现的重要性与相应优势,但还不能具体了解财务应如何向业务环节纵深延伸。下面,通过具体案例并结合其所在行业的特点,进行说明。

案例1:制造业的财务向业务环节纵深延伸

在制造业,财务向业务环节纵深延伸的关键目标之一是提高生产效率。财务部门可以通过深入了解生产过程并整合财务数据,实现监控成本、质量和效率。

例如,一家汽车制造公司可能会将财务数据与生产线数据整合,以实时追踪不同生产线的成本和产量。深度的财务和业务协作有助于该公司提高生产线的利用率,减少不必要的成本,并提高产品质量。这样的协作不仅改进了业务运营，还提高了公司整体的竞争力。

案例2：零售业的财务向业务环节纵深延伸

在零售业，财务向业务环节纵深延伸的一个重要方面是库存管理。财务部门可以与采购和库存管理部门紧密合作，共享实时库存数据和销售数据。这种协作可以帮助零售商准确掌握库存成本、产品销售趋势和利润率，以便更好地管理库存和制定促销策略。

例如，一家零售连锁店可以通过财务数据和销售数据的整合，了解哪些产品需要重新订购，哪些产品需要促销出售，以及如何调整价格策略以提高利润。这种深度融合提高了该连锁店的库存管理的效率，同时提高了盈利能力。

案例3：科技公司的财务向业务环节纵深延伸

在科技公司，财务向业务环节纵深延伸可以帮助公司更好地支持新产品开发和市场推广。财务部门可以与研发和市场部门合作，共享项目成本、产品销售情况预测和市场反馈数据。这种深度合作有助于科技公司更好地了解不同产品的盈利能力、市场需求以及开发时间线。

例如，一家软件公司通过整合财务和产品研发数据，确定哪些软件项目是最具市场潜力的，有助于优化资源分配，提高产品的成功率，并最大限度地提高收入。

财务向业务环节纵深延伸是一种不可或缺的趋势，对于增强企业绩效至关重要。通过案例的详细说明，我们可以看到财务向业务环节纵深延伸在不同行业的应用，从制造业到零售业、科技业，以及其他各行业。总之，业财融合是财务向业务环节纵深延伸的一种方式，它将企业的财务和业务紧密结合，实现信息的集成和共享，以提高企业的运营效率和风险管理水平。

财务向业务融合：将财务数据和洞察力转化为业务行动

传统的财务管理模式，往往更加侧重于对历史数据的记录和整理，而忽视了如何将财务数据和洞察力转化为对未来业务决策有影响的因素。在这种情况下，管理层在做出决策时可能无法获取到及时、准确、全面的信息，导致决策效率低下。推动财务向业务融合，企业可以消除部门之间的信息壁垒，加强内部沟通与协作，实现财务数据和洞察力转化为业务行动。这种融合方式有助于企业更好地理解市场需求、优化资源配置、降低运营成本和提高决策效率。

财务向业务融合是将财务数据和知识整合到业务运营中，以支持决策制定、战略规划和业务执行的过程。它涉及跨部门协作，通过将财务专业知识与业务洞察力相结合，以帮助企业更好地理解其财务绩效和运营效率。

对于企业经营而言，财务向业务融合是一种关键的竞争优势。企业可以通过整合财务数据和销售数据、生产数据、研发数据等，更好地了解不同产品的市场需求、盈利能力、竞争情况、库存周转率和销售趋势，并且可以实时监测成本、产品质量和效益。

一家制造公司的财务部门通过跟踪不同产品线的成本和产量，及时识别出生产线上的瓶颈或效益最低的产品，帮助业务生产线做出调整，优化生产线的利用率，降低生产成本的同时，提高生产效率。同时，财务部门通过将财务数据与生产数据相结合，帮助制造商更好地了解产品的成本结构，指导其做出定价策略。最终帮助该公司提高了产品的竞争力，同时确保了盈利能力。

一家零售商的财务人员通过整合财务数据和销售数据，了解了不同产品的盈利能力、库存周转率和销售趋势。例如，利用财务数据识别哪些产品在销售中具有更高的毛利率，然后，通过调整库存策略以增加这些产品的供应。此外，该财务人员还利用财务数据确定最佳的销售时机，例如，销售季节性商品或举行促销活动。这种财务向业务的融合，帮助该零售商更灵活地适应市场需求，提高盈利能力。

通过上述两个案例，可以更清晰地了解将财务数据和洞察力转化为业务行动的具体实现，但各企业的实际情况并不相同，所以不能简单套用其他企业的成功模式。不过，仍有一些可供参考的财务向业务融合的实现途径，具体如下。

（1）构建共享服务中心。利用高效的信息处理和业务流程处理模式，将不同部门和业务线的重复性、标准化工作集中到一个中心进行处理。通过构建共享服务中心，企业可以实现财务数据和洞察力的集中管理和共享，提高信息传递的效率和准确性。同时，共享服务中心还有助于减少人工操作成本，提高工作效率。

（2）利用大数据和人工智能技术。通过利用大数据和人工智能技术，可以为企业提供从海量数据中提取有价值的信息。同时，通过运用这些技术，企业可以实时收集并分析各种数据，包括财务数据、市场数据、客户数据等，有助于企业更好地了解市场需求、竞争态势以及行业趋势，从而做出更加精准的业务决策。

（3）推动业财一体化流程再造。将企业的业务流程和财务管理流程紧密结合，实现信息的实时传递和共享。通过流程再造，企业可以打破传统职能部门的壁垒，将财务管理流程嵌入业务流程中，实现信息的无缝衔接。例如，在采购环节，采购部门签订采购合同后，财务部门可以自动生成相应的会计凭证和支付指令，大大提高工作效率和准确性。

财务向业务融合是将财务数据和洞察力转化为业务行动的过程。这一过程有助于企业更好地理解市场需求、优化资源配置、降低运营成本和提高决策效率。为了实现这一目标，企业需要采取一系列措施，构建共享服务中心以集中处理财务数据和业务流程，利用大数据和人工智能技术从海量数据中提取有价值的信息，推动业财一体化流程再造以打破部门壁垒、实现信息的无缝衔接。总之，财务向业务融合是企业发展的必然趋势，有助于提高企业的运营效率和竞争力。

业财融合是将业务经营理念渗透在财务管理的过程中

业财融合是一种战略性方法，将业务经营理念渗透在财务管理的过程中是现代企业财务管理的重要发展方向。这种融合模式可以使财务管理更加贴近企业运营的实际，为企业决策提供更加准确、及时的信息支持。

一家致力于提供在线服务的互联网公司，主要产品包括新闻资讯、社交媒体、电子商务等多个平台。随着市场竞争的加剧，该公司管理层意识到需要将业务经营理念渗透在财务管理的过程中，以提高企业的竞争力和可持续发展能力。具体实施过程包括以下几个方面。

◆跨部门协作。公司成立了跨部门协作小组，由市场部门、销售部门、财务部门等主要部门负责人组成。小组定期召开会议，共同分析市场动态、客户需求和竞争状况，制订相应的财务预算和业务计划。通过跨部门协作，避免了财务数据与业务数据脱节的现象。

◆制定合理的财务目标。公司将业务目标与财务目标相结合，制定了一系列合理的财务指标和考核标准。例如，将收入增长率、毛利率、净利润等财务指标与市场份额、客户满意度等业务指标相结合，确保财务目标和业务目标一致。

◆流程管理。公司搭建了流程管理制度，通过识别和分析潜在的影响流程执行的因素，制定相应的流程调整应对措施。例如，针对市场环境的变化，及时调整财务策略和业务计划，降低流程风险对企业的冲击。

◆决策支持。公司利用大数据、云计算技术对业务数据和财务数据进行深入分析，为管理层提供准确、及时的决策支持。例如，通过分析用户的消费行为和喜好，调整产品定位和营销策略，提高用户满意度和市场占有率。

◆绩效考核与激励。公司建立了完善的绩效考核与激励机制，将员工的绩效与业务目标和财务指标相结合。通过给予员工一定的奖励、提供职业发展机会等方式激发他们的工作热情和创造力，推动企业不断发展和进步。

通过对该互联网公司将业务经营理念渗透在财务管理过程中的具体呈现，可以总结出一些非常重要的实施策略。这些策略大部分与本章第二节所列举的"财务向业务融合"的实施途径类似，毕竟财务向业务融合与业务向财务融合都属于业财融合。那么，将业务经营理念渗透在财务管理过程中的实施策略包括下面三点：①通过搭建跨部门沟通平台、加强部门之间的信息共享和业务协作；②通过优化业务流程实现信息的无缝衔接和实时传递；③利用大数据和人工智能技术提升数据分析和决策支持能力；④制定合理的激励机制激发员工的积极性和创新能力。

通过将业务经营理念渗透到财务管理过程中，该互联网公司实现了八个方面的改进（见图5-1）。

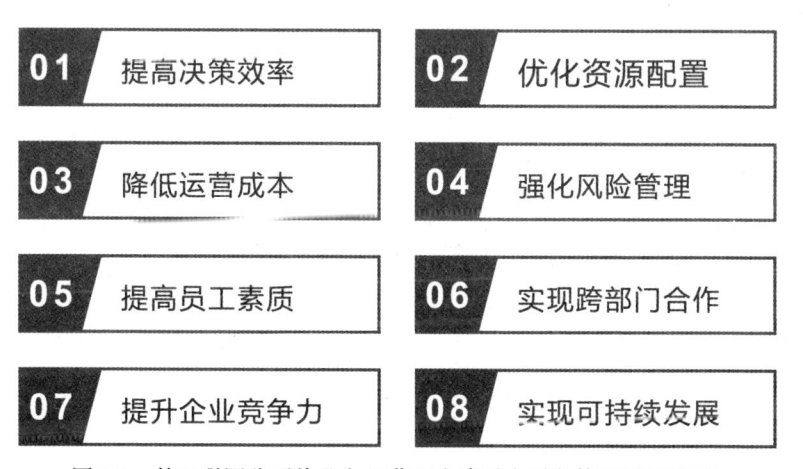

01 提高决策效率	02 优化资源配置
03 降低运营成本	04 强化风险管理
05 提高员工素质	06 实现跨部门合作
07 提升企业竞争力	08 实现可持续发展

图5-1　某互联网公司将业务经营理念渗透在财务管理后的改进

将业务经营理念渗透在财务管理过程中是现代企业发展的重要趋势，

也是提高企业整体运营效率和风险管理水平的关键举措之一。通过制定和执行一系列适合企业经营现状的正确措施，企业可以实现业务与财务的协同发展，提高企业的竞争力和可持续发展能力。

业务向财务融合：业务运营与财务管理更紧密集成在一起

业务运营与财务管理更紧密集成在一起，可以带来诸多优势，如提高企业的决策效率、优化资源配置、降低运营成本、加强风险管理等。下面，以一个具体案例详细论述如何实现业务运营与财务管理的紧密集成。

一家生产高端机械设备的公司，产品主要销往国内外市场。随着市场竞争的加剧和客户需求的不断变化，该公司管理层意识到需要将业务运营与财务管理更紧密地集成在一起，以实现企业的可持续发展。具体实施过程包括以下几个方面。

◆组织架构调整。公司对组织架构进行了调整，成立了财务与业务部门合并的跨部门团队。团队成员包括财务人员、市场营销人员、生产管理人员等，以确保财务与业务的高度融合。

◆制定全面预算。公司制订了全面的预算计划，将预算与业务计划相结合。在制订预算计划的过程中，跨部门团队共同参与，确保预算与实际业务需求相符合。同时，在预算计划执行过程中，跨部门团队定期对预算进行评估和调整，以确保预算的有效性。

◆强化风险管理。公司建立了完善的风险管理制度，通过识别和分析潜在的风险因素，制定相应的风险应对措施。在风险管理中，跨部门团队共同参与，从不同角度对风险进行评估和应对，确保企业的稳健发展。

◆决策支持。公司利用大数据和人工智能技术对业务数据和财务数据进行深入分析，为管理层提供高质量的决策支持。在决策过程中，跨部门团队共同参与，从业务和财务的角度提供专业意见和建议，确保决策的科学性和有效性。

◆绩效考核与激励。公司建立绩效考核与激励机制，结合业务目标与财务指标为员工制定绩效考核标准。在绩效考核标准中，不仅考虑财务指标如收入、利润等，还结合业务指标如市场占有率、客户满意度等综合评价员工表现，以激励员工更好地融入业务运营与财务管理过程中。

◆持续改进。公司定期对业务运营和财务管理过程进行评估与审计，发现问题及时进行调整和改进，同时不断优化业务运营和财务管理流程。

通过将业务运营与财务管理更紧密地集成在一起，该制造企业实现了业务与财务的协同发展，提高了企业的竞争力和可持续发展能力。

这个案例表明，业务运营与财务管理更紧密集成在一起可以为企业经营带来诸多优势，但在具体实施过程中仍需要注意以下六方面。

（1）建立跨部门团队并保持团队的稳定性，避免不同部门之间的沟通和协作出现障碍。

（2）制定完善的制度和实施流程，确保财务和业务的高度融合与协同工作。

（3）加强培训与沟通，提高员工的综合素质和跨部门合作能力。

（4）结合企业实际情况制定针对性的措施，避免生搬硬套其他企业的成功经验和做法。

（5）定期对业务运营和财务管理过程进行评估和审计，以便及时发现问题并进行改进。

（6）管理层要高度重视业务运营与财务管理的集成效果，持续推动业财融合。

企业将业务运营与财务管理深度融合，不再将财务视为一个独立的部门，而是将其视为业务决策的重要组成部分。这样有助于更好地管理成本、进行资源分配和规避风险。这种更紧密的集成可以实现更高的效率、更好的决策支持和更好的绩效改进。企业也能更快速地适应市场变化，更好地理解业务挑战，并更好地发掘增长机会。

架构篇

第六章 业务事件的分类与重要性

业务事件，是指企业运营中不断发生的各种活动和事件，其分类与重要性对企业的管理和决策具有重要意义。对业务事件进行分类、分析与综合评估，有助于企业合理分配资源，聚焦于关键事件，并采取相应措施，以实现更好的运营效果。

业务事件与业财融合的关系

业务事件，是指企业在日常运营中发生的各种活动和事件，如销售订单签订、供应商违约、产品入库等。在业财融合中，业务事件的发生是触发财务处理的前提条件，而财务处理的结果又能对业务活动进行反映和监督。因此，业务事件与业财融合之间存在着密切的关系。

1.业务事件是业财融合的基础

业财融合要求财务与业务的高度协同，这种协同是基于业务事件的发生。当一个业务事件发生时，如客户订单的签订、产品入库等，这些事件会触发财务系统的处理过程。财务人员根据业务事件的信息进行账务处理，形成财务报表等财务信息。这些信息又能反馈到业务部门，为业务决策提供依据。因此，业务事件的发生是连接财务和业务二者之间的桥梁，是实现业财融合的基础。

2. 业务事件驱动业财数据流动

在业财融合中，业务事件的发生会驱动业财数据流动。当一个业务事件发生时，相关的数据会被采集并传递到财务系统进行处理。这些数据包括业务事件的类型、金额、数量等信息。在财务系统中，这些数据被转换成财务信息，如应收账款、应付账款、库存商品等。这些财务信息又能反馈到业务部门，为业务决策提供依据。因此，业务事件驱动的业财数据流动是实现信息共享和协同决策的重要环节。

3. 业务事件促进业财协同决策

在业财融合中，业务事件的发生促进了财务部门和业务部门的紧密协作。通过共享业务事件的信息，业务部门和财务部门可以共同分析问题、制定策略，实现资源的优化配置。例如，在销售过程中，销售部门可以共享客户订单的信息给财务部门，财务部门可以根据这些信息制订销售预算和资金管理计划，以支持销售部门的业务决策。因此，业务事件的发生促进了业务部门和财务部门的协同决策，提高了企业的整体运营效率。

4. 业务事件实现业财风险共担

在业财融合的背景下，业务事件的风险将由财务部门和业务部门共同承担。因此，双方需要协同制定风险管理策略，确保企业运营的安全与稳定。例如，在采购过程中，当供应商发生违约风险时，采购部门需要及时通知财务部门，财务部门需要配合采购部门进行风险应对，如暂停支付货款或启动替代方案等。通过共同应对风险事件，业务部门和财务部门实现了风险共担和协同管理。

综上所述，业务事件与业财融合之间存在着密切的关系。业务事件是连接业务和财务二者之间的桥梁，驱动了业财数据的流动和协同决策过程。同时，通过共同应对风险事件，业务部门和财务部门实现了风险共担和协同管理。因此，在实施业财融合的过程中，企业需要重视业务事件的管理和利用，以促进业务运营和财务管理的紧密融合与发展。

不同动机下的业务事件划分与记录

在企业运营中，业务事件的划分和记录是至关重要的，因为它们为企业提供了有关经济活动和交易的重要信息。不同的动机会影响对业务事件的划分，包括但不限于以下业务事件类别。

1. 营业业务事件类别

营业业务事件是企业的核心业务活动，包括销售产品或提供服务。这些事件通常与盈利有关，因此对于企业的财务记录至关重要。

一家电子商务公司的核心业务是在线销售电子产品。当客户下订单购买一台新手机时，这是一个营业业务事件，该公司需要记录销售额、库存变动、应收账款等信息。

2. 投资业务事件类别

投资业务事件涉及资金的投入或投资，通常是为了获得未来的回报，包括股票投资、房地产投资和并购交易。

一家投资公司决定购买一家新兴科技公司的股票。这是一项投资业务事件，该投资公司需要记录资金的支出、股票资产的增值等信息。

3. 筹资业务事件类别

筹资业务事件涉及企业为了融资需求而进行的活动，如债务融资、股权融资、众筹平台融资等。

一家初创公司需要资金扩大业务，因此发行新股用以筹集资金。这是一项筹资业务事件，该公司需要记录筹资金额、新股发行数量、股东权益等信息。

4. 经营业务事件类别

经营业务事件是为了维护和管理企业日常运营而进行的活动，如采购原材料、支付工资、维护设备等。

一家制造公司购买原材料以生产产品。这是一项经营业务事件，该公司需要记录原材料采购成本、库存变动、现金支付等信息。

不同的动机还会对业务事件的财务报告、税务合规和投资者关系产生影响，具体表现为以下三个方面。

（1）财务报告方面。不同动机下的业务事件会在财务报表中以不同方式呈现。例如，营业业务事件直接反映在损益表中，而投资和筹资业务事件会影响资产负债表和现金流量表。

（2）税务合规方面。不同动机下的业务事件会对税务合规产生影响。税务法规通常区分资本收益和经营收益，因此正确划分业务事件对于避免不必要的税收负担至关重要。

（3）投资者关系方面。不同动机下的业务事件会影响投资者对企业的理解和决策。投资者通常关注营业业务事件，因为它们反映了企业的核心盈利能力。

此外，对这些业务事件进行合理的划分和记录，有助于企业实现有效的审计、运营和战略管理（见表6-1）。其中，需要了解三个概念：①审计需求。企业通过对业务事件进行审计和监督，确保财务报告的准确性和合规性。②运营需求。企业通过对业务事件的管理和监控，实现运营活动的持续优化和提升。③战略需求。企业通过对业务事件的深入分析和挖掘，制订和实施符合长远发展目标的战略计划。

表6-1　审计、运营、战略需求下的业务事件划分与记录

说明	划分	记录方法
针对不同审计需求	根据企业财务报告的会计科目，将业务事件划分为相应的科目类别，如应收账款、应付账款、存货等	①建立事件档案。为每个业务事件建立独立的档案，包括事件发生时间、涉及金额、相关责任人等信息。 ②保留原始文档。保留业务事件的原始文档，如合同、发票、单据等。 ③定期审计。定期对业务事件进行审计，以确保事件的合法性和合规性
针对不同运营需求	根据企业运营流程的不同环节，将业务事件划分为相应的类别，如采购、生产、销售、物流等	①实时监控。对业务事件进行实时监控，以便及时发现问题和优化点。 ②数据挖掘。通过利用数据分析工具对业务数据进行挖掘和分析，为运营决策提供有力的支持。 ③建立预警机制。针对关键业务事件设定预警指标，如订单延迟率、库存周转率等，指标出现异常便可触发预警通知。 ④定期评估与优化。定期对业务事件的划分和记录方法进行评估和优化，以满足企业不断变化的运营需求
针对不同战略需求	根据企业的战略目标和发展方向，将业务事件划分为相应的类别，如新市场拓展、新产品研发、合作伙伴关系等	①长期规划与短期执行相结合。通过对市场趋势、竞争环境等信息的分析，制订具有前瞻性的战略计划，同时确保短期内的业务执行与战略目标保持一致。 ②评估战略效果。定期评估战略计划的实施效果，通过分析业务事件的相关数据，了解战略计划的执行情况，对不符合预期的情况及时进行调整和优化。 ③建立战略决策支持系统。利用大数据、人工智能等技术手段，建立可以对海量业务数据进行挖掘和分析，为战略决策提供准确、及时信息支持的战略决策支持系统。 ④跨部门协作。加强不同部门之间的沟通与协作，确保业务事件的相关信息能够在企业内实现高效流通

不同动机下的业务事件划分与记录对于企业的财务管理至关重要。正确地划分和记录业务事件有助于生成准确的财务报表、遵守税务法规、满足投资者的需求。企业需要确保在面对不同类型的业务事件时，财务部门具备足够的专业知识和技能，以便进行正确的记录和报告。这有助于维护企业的财务稳健性，提高决策质量，吸引投资者，并支持可持续的经济增长。

事件驱动记录业务的优势

事件驱动记录业务是一种基于事件驱动架构的记录方式，它以事件为核心，将企业的业务过程转化为一系列的事件进行处理。通过事件驱动架构，企业可以更好地管理和记录业务活动，提高运营效率和管理水平。事件驱动架构具有以下四点优势。

1. 提高实时性

事件驱动架构能够实时地记录和更新业务数据，保证数据的准确性和及时性。在竞争激烈的市场环境中，信息的实时性对于企业决策的及时性和准确性至关重要。

以某电商企业为例，该企业采用传统的订单处理方式，即订单在系统中流转完毕后，统一进行数据汇总和整理。在这种方式下，数据的实时性较差，往往需要等待一段时间才能获取到订单数据。采用事件驱动架构后，订单数据被实时地记录和更新，可以快速地获取到最新的订单数据，从而提高了数据的实时性。

该企业通过事件驱动架构，将订单处理过程分解为一系列的事件，如订单创建、支付、发货等。每个事件都通过消息队列进行触发和传递，保证了数据的实时性和准确性。同时，由于事件被实时地记录和存储，也方便了后续的数据分析和挖掘。

2. 增强灵活性

事件驱动架构可以灵活地记录和存储各种类型的业务事件，包括操作、数据变动等，同时可以根据需要进行扩展和定制。这种灵活性使得企业可以轻松地应对业务需求的变化和发展。

以某金融企业为例，该企业原来的系统采用传统的数据流处理方式，即从数据库中读取数据，进行处理后写入数据库。在这种方式下，系统的扩展性和灵活性较差，难以适应业务需求的变化。采用事件驱动架构后，该企业可以将数据的读写操作转化为一系列的事件，如数据读取事件、数据写入事件等。这些事件可以通过消息队列进行传递和处理，提高了系统的扩展性和灵活性。

同时，由于事件类型众多，该企业可以根据实际需要进行扩展和定制。例如，当新业务上线时，可以定义新的业务事件类型，将业务逻辑和数据分离，降低了系统的耦合性，使得系统的维护和升级更加方便。这种灵活性使得企业可以快速地适应市场变化和业务需求的变化。

3. 提升可靠性

事件驱动架构可以保证数据的完整性和一致性，避免了数据丢失或错误的情况。在事件驱动架构中，每个事件都会被记录和存储，保证了数据的可追溯性和可审计性。同时，由于事件被实时地传递和处理，也可避免数据在不同系统之间传输时可能出现的错误或丢失情况。

以某大型零售企业为例，该企业采用事件驱动架构对商品库存进行管理。当商品库存发生变化时，会触发一系列的事件，如库存增加事件、库存减少事件等。这些事件通过消息队列进行传递和处理，保证了数据的完整性和一致性。同时，由于事件被实时地记录和存储，也方便了后续的数据分析和挖掘。

该企业还通过建立完善的事件监控和管理机制，确保了事件的正确性和可靠性。例如，当库存减少事件被触发时，系统会先检查库存是否足够支持销售，如果库存不足则不会继续处理该事件。这种机制保证了系统的稳定性和可靠性，避免了因数据错误或丢失而带来的损失。

4. 增强复用性

事件驱动架构可以重复使用已有的事件处理逻辑，减少了代码的重复性，提高了开发效率。在事件驱动架构中，每个事件都对应一个处理逻辑模块，这些模块可以被重复使用和调用。当相同类型的事件再次发生时，可以直接调用相应的处理逻辑模块进行处理。这种可重用性使得开发人员可以更快地进行开发和维护工作，提高了开发效率和质量。

以某金融机构为例，该机构需要开发一套风险管理系统，用于监控和管理客户的风险等级。该系统采用了事件驱动架构，将风险监控过程分解为一系列的事件处理，如客户交易事件、客户信用评级事件等。每个事件都有相应的处理逻辑模块，这些模块都是基于业务需求进行设计和开发的。

随着业务的发展，该金融机构又需要开发一套新的客户关系管理系统，用于管理和维护客户信息。由于两个系统都需要对客户信息进行处理，因此该金融机构决定复用风险管理系统中的客户信息处理模块。这些模块都是基于事件驱动架构进行设计和开发的，因此可以很方便地进行复用。通过复用已有的客户信息处理模块，该金融机构减少了开发时间和成本，提高了系统的开发效率和质量。

此外，事件驱动记录业务的优势还有降低耦合性，增强可维护性，以及提高资源利用率，在此做简要阐述。

事件驱动架构可以将业务逻辑和数据分离，降低了系统的耦合性。在本节电商企业案例中，将订单处理过程分解为一系列的事件，每个事件都有相应的处理逻辑模块。这些模块独立于数据存储和数据模型，降低了系统各部分之间的耦合性。这种降低耦合性使得系统的维护和升级更加方便，提高了系统的可维护性和可扩展性。

事件驱动架构可以根据业务需求灵活分配资源，提高了资源的利用率。同样是在电商企业案例中，通过事件驱动架构对订单处理过程进行记录和管理，可以根据业务需求灵活地分配资源。例如，在业务高峰期，可以增加处理逻辑模块的数量或调用频率，提高系统的处理能力；在业务低谷期，则可以减少处理逻辑模块的数量或调用频率，节约系统资源。这种优化资源分配的能力使得企业可以更好地应对业务需求的变化和发展。

通过上述分析，可以看到事件驱动记录业务的各项优势。这些优势有助于企业提高运营效率和管理水平，更好地满足客户需求和应对市场变化。

随着企业对于数字化转型的需求不断增长，事件驱动架构将会得到更广泛的应用和发展。未来，我们可以通过进一步研究和探索，不断完善事件驱动架构的技术和应用方案，为企业提供更加高效、灵活、可靠的数字化解决方案。同时，可以利用云计算、大数据等新兴技术手段，发挥事件驱动架构的优势作用。

业务事件与数据收集的关联

业务事件与数据收集之间存在密切的关联。业务事件是数据收集的基础，同时数据收集也为业务事件提供了支持和驱动。

在企业的日常运营中，业务事件是不断发生的，这些事件包括客户购买、员工入职、订单处理等。这些事件中蕴含了大量的信息，如客户购买偏好、员工工作表现、订单处理效率等。为了更好地了解这些事件，企业需要进行数据收集。

业务事件既是数据收集的基础，也可以触发数据收集。在很多情况下，只有当业务事件发生时，才需要进行相应的数据收集工作。例如，当用户在电商网站上进行购物时，会触发购物事件，此时需要收集用户的购物信息，包括购买的商品、数量、价格等。

某医疗机构为了提高医疗服务质量，开始进行患者信息的收集和分析。该机构收集了包括患者就诊信息、检查结果、治疗措施等在内的各种数据。这些数据的收集并不是一次性完成的，而是在患者前来就诊时才会进行收集。具体包括以下几项：

◆就诊信息收集。当患者前来就诊时，医生会记录患者的就诊信息，包括症状、既往病史、家族病史等。这些信息会作为患者就诊事件的一部分被收集起来。

◆检查与治疗措施信息收集。在患者接受检查和治疗的过程中，相关的信息也会被收集起来，如检查报告、手术记录、用药记录等。

◆随访信息收集。在患者离开医院后，医生会进行随访并记录患者的恢复情况。这些信息也会被作为后续就诊事件的一部分被收集起来。

通过上述数据的收集和分析，该医疗机构可以更好地了解患者的病情和治疗以及康复情况，为提高医疗服务质量提供依据。同时，这些数据也可以用于研究和教学工作，提高医学研究和教育的水平。

通过收集和分析大量的数据，企业可以更好地了解市场、客户和竞争对手的情况，从而为业务事件提供多方面的支持。首先，数据收集可以提供对业务事件的详细记录。例如，在销售行业中，通过收集销售数据，可以详细记录每个销售事件的时间、地点、销售量等信息，为销售分析提供基础数据。其次，数据收集可以提供对业务事件的深度挖掘。例如，在零售行业中，企业可以通过POS机等设备收集销售数据，从而分析出消费者的购买行为和偏好。最后，数据收集可以提供对业务事件的监控和预警。例如，在金融行业中，企业可以通过收集和分析大量的客户数据和交易数据，评估客户的信用等级和风险水平，从而更好地制定风险管理和投资策略。

某电商企业为了提高销售额和客户满意度,开始进行数据收集和分析。该企业收集了包括用户浏览、点击、购买等在内的各种数据。通过对这些数据的分析,该企业可以实时监控销售情况和客户行为,为业务事件提供以下支持:

◆实时监控销售情况。通过收集和分析销售数据,该企业可以实时了解各产品的销售情况,及时调整销售策略,提高销售额。

◆客户行为分析。通过收集和分析用户浏览和点击数据,该企业可以了解客户的购物习惯和偏好,为产品设计和优化提供依据。

◆营销策略制定。通过分析用户的购买行为和历史浏览记录,该企业可以制定个性化的营销策略,提高客户满意度和转化率。

该企业通过合理的数据收集,能够有效优化业务事件的处理过程。主要体现在优化业务流程、提高工作效率、降低成本等方面。

通过上述讲解,可以看到业务事件与数据采集之间有着密切的关联。在实际的工作过程中,需要充分重视这种关联,运用各种手段和方法来加强这种关联,以提高企业的运营效率和竞争力。

第七章　数据库的设计与管理

业财融合要求财务数据和业务数据保持一致，以确保企业信息的准确性和可靠性。建立高设计、高性能、高管理度、高维护度、高安全性、高数据质量的数据库是实现数据一致性的关键。企业必须建立完善的数据管理体系，明确数据来源、处理方式和存储方式，方便业务部门和财务部门之间的信息交流和共享。

数据库是业财融合的基础

数据库在现代企业中扮演了关键的角色，特别是在实现业务与财务的融合过程中。数据库作为企业数据存储、共享和管理的核心，为业财融合提供了坚实的基础。

数据库是一个结构化的数据集合，用于存储、检索、管理和分析各种类型的数据。数据库充当了数据的仓库，提供了一个中心位置，使企业能够有效地组织、访问和共享数据。在业务与财务融合中，数据库发挥了以下关键作用。

（1）数据存储和组织。数据库允许企业存储各种业务和财务数据，包括客户信息、销售记录、财务报表、成本数据等。

（2）数据检索和查询。数据库提供了强大的检索和查询功能，使用户能够轻松访问所需的数据，以支持决策制定和分析。

（3）数据分析和报告。数据库允许用户执行数据分析和生成各种财务和业务报告，从而提供深入的洞察力。

（4）数据集成和共享。数据库促进了不同部门之间的数据集成和共享，使业务与财务部门能够协同工作。

（5）数据保护和安全。数据库提供数据的保护和安全功能，以确保数据不被未经授权地访问和泄露。

数据库从生成到使用可以简单地理解为"收纳—存放—释放"的过程。数据库是对企业业务事件的汇集（收纳），并对数据进行统一管理（存放），再形成数据共享的基础（释放）。

企业日常运营中发生的各种活动和交易，这些事件产生了大量的数据。数据库用于记录、存储和管理这些业务事件所产生的数据。例如，一次销售交易是一个业务事件，它会生成有关销售额、产品、客户和付款信息的数据。这些数据被记录在数据库中，以便后续的分析、报告和决策。

通过建立数据库，企业可以对数据进行标准化处理，确保数据的规范性和一致性。同时，优化数据采集和处理流程，提高数据的准确性和及时性，使业务数据和财务数据能够更好地相互匹配和衔接。

数据共享是实现业财融合的基础，它打破了部门之间的信息壁垒，使业务数据和财务数据能够相互流通、共享和利用。通过建立数据共享平台或搭建数据交换网络，企业可以将分散在各个部门的数据整合在一起，实现数据的统一管理和访问，从而提高数据的利用效率和价值。

业务驱动财务是企业实现业财融合的重要手段。通过建立业务财务一体化平台，企业可以将业务流程与财务流程紧密地结合在一起，使财务数据能够及时反映业务变化，避免业务数据与财务数据不一致的情况。同时，业务驱动财务还可以使财务部门更好地了解业务需求和状况，为业务部门提供更加精准的财务支持和服务。而数据库在业财融合中发挥了关键作用，它支持业务数据与财务数据的存储、处理和报告，使财务部门能够有效地管理资金、预算、成本和风险。

一家制造公司希望实现业务与财务的融合，以优化生产计划和成本控制。他们使用数据库来实现这一目标，每次的生产活动、采购、销售和库存变动都被记录在数据库中。这些数据用于生成销售报告、库存报告和财务报表。此外，该公司还使用高级分析工具预测市场需求，从而调整生产计划。数据库允许不同部门实时访问和共享数据，促进了更好的决策制定和合作。

通过对该公司业财融合改革过程的具体分析，可以看出数据库在此过程中扮演了至关重要的角色，具体体现在以下几方面。

◆数据一致性。数据库可以确保业务数据和财务数据的一致性，并允许不同部门访问相同的数据源，从而消除了数据的冗余和不一致。

◆数据集成。数据库支持数据的集成，使业务部门和财务部门能够共享关键数据。例如，销售数据可以与财务数据集成，用于销售报告和财务分析。

◆实时访问。数据库可以提供实时访问,使决策者能够及时了解业务和财务状况,有助于迅速做出决策和调整战略。

◆高级分析。数据库允许进行高级分析,包括预测分析、数据挖掘和大数据分析,有助于发现趋势、模式和机会。

总之,数据库作为企业数据存储、共享和管理的核心,为业财融合提供了坚实的基础支持。数据库在记录、存储、管理和分析业务事件和财务数据方面发挥了至关重要的作用。通过数据库,企业能够实现数据共享、数据统一管理、业务驱动财务,更好地推动业财融合的进程。

数据库的设计原则与方法

本节所讲述的数据库的设计,是建立在业财融合基础之上的。基于业财融合的数据库设计需要遵循一定的设计原则和方法,以确保数据库能够满足企业业务发展和财务管理的需求,同时能够提高数据的管理和使用效率。具体内容有下面三点。

(1)基于业财融合的数据库设计需要遵循标准化和规范化的原则,以确保数据的统一性和一致性。具体来说,企业需要制定统一的数据标准和规范,如数据类型、字段定义、数据格式等,以便不同部门之间的数据能够相互流通、共享和使用。同时,对于数据的采集、处理、存储和使用也需要制定相应的规范和流程,以确保数据的准确性和及时性。

（2）基于业财融合的数据库设计需要具备一定的灵活性和可扩展性，以便能够适应企业业务和财务管理的变化和发展。具体来说，数据库的设计需要考虑企业未来的业务需求和技术发展，以便能够方便地进行功能扩展和数据迁移。同时，数据库的结构和功能也需要具备一定的灵活性，以便能够适应不同部门之间的数据共享和交换。

（3）基于业财融合的数据库设计需要具备较高的安全性和可靠性，以保护企业的重要数据和信息。具体来说，数据库的设计需要考虑数据的安全性、完整性和可用性，采用多层次的安全措施，如访问控制、数据加密、备份恢复等，确保数据的机密性、完整性和可用性。同时，对于数据的处理和使用也需要制定相应的规范和流程，避免错误或不当的操作对数据造成损害或丢失。

基于业财融合的数据库的设计主要分为以下四个环节（不同企业的数据库设计环节会有不同，企业应根据实际情况酌情采用）。

1. 建立数据中心

通过建立数据中心，企业可以将分散在各个部门的数据整合在一起，实现数据的统一管理和访问，从而提高数据的利用效率和价值。

具体操作方法为，企业可以建立数据中心平台或数据中心网络，将财务数据和业务数据整合在一起，并按照统一的数据标准和规范进行管理和使用。同时，对于数据的采集、处理、存储和使用也需要制定相应的规范和流程。

2. 业务驱动财务

通过建立业务财务一体化平台或系统，企业可以将业务流程与财务流程紧密地结合在一起,使财务数据能够及时反映业务变化,避免财务数据与业务数据出现不一致的情况。

具体操作方法为,企业可以通过实现系统集成或数据接口对接等方式,将业务系统和财务系统连接在一起,实现数据的共享和交换。同时,对于数据的处理和使用需要制定相应的规范和流程。

3. 严格风险管理

很多企业管理者认为做数据库,就是对数据的记录与利用,却忽视了如果不对数据库进行风险管理,那么每天汇入数据库的和被利用的海量数据,就将成为风险的源头,因此,必须建立针对数据库的风险管理机制。通过建立风险预警和防控机制,企业可以及时发现和防范潜在的风险,避免财务风险对业务造成不良影响。

具体操作方法为,企业必须在建立数据库的同时,一并建立起风险预警模型或风险评估体系,对财务风险进行全面分析和评估,并及时采取相应的措施对风险进行防范和控制。

4. 做好绩效评估

也有很多企业将绩效管理与数据库分开来看,认为绩效是绩效,数据是数据,却未能明白绩效也是一类数据,也同样要纳入数据管理中。通过建立绩效评估体系,企业可以对业务部门和财务部门的绩效进行全面评估和衡量,及时发现和解决问题,推动企业整体的发展和进步。

具体操作方法为,企业可以采用目标管理法(MBO)、关键绩效指标法(KPI)、平衡计分卡(BSC)等绩效管理工具,对企业的财务、客户、内部业务过程、学习与成长等层面进行全面的评估和分析,以便更好地实现业财融合和管理决策的科学化。

通过以上分析，可以看到基于业财融合的数据库的设计，对于企业的信息化建设至关重要。企业应结合自身实际情况进行科学合理的数据库设计，并严格落实到位，以保障数据库系统的稳定运行，为企业的业务发展和决策提供有力的支持。

数据库的管理与维护

基于业财融合的数据库的管理与维护是确保数据库稳定运行、数据安全和持续优化的关键环节。下面，将详细论述基于业财融合的数据库的管理与维护的策略和注意事项，并结合案例进行分析。

（1）企业应建立一套完善的数据库管理与维护流程，包括数据备份、故障排除、安全防护、数据迁移等环节。同时，针对可能出现的突发情况，制定应急预案，在保障数据库稳定运行的同时，也保证企业的经营稳定性。

（2）定期对数据库进行性能检查和优化是提高数据库性能和稳定性的重要手段。企业应定期检查数据库的性能指标，如 CPU、内存、磁盘 IO 等，及时发现并解决潜在问题。此外，对数据库结构进行优化，如表结构优化、索引优化、查询优化、视图和存储过程优化等，可以提高数据库的查询效率和响应速度。

（3）数据备份是保障数据安全的重要措施。企业必须定期对数据库进行备份,并确保备份数据的可用性和完整性。在发生数据丢失或损坏的情况下,可以通过备份数据快速恢复到正常状态。

(4)针对可能出现的网络安全威胁,企业应采取必要的安全防护措施,如设置防火墙、使用加密技术等,确保数据库的安全性和机密性。同时,对数据库的访问权限进行严格控制,避免未经授权的访问和数据泄露。

某国际大型制造企业为了实现业财融合和管理决策的科学化,建立了一个基于业财融合的数据库系统。在数据库的管理与维护方面,该企业采取了以下措施。

◆建立管理与维护流程。该企业建立起包括数据备份、故障排除、安全防护、数据迁移等重要环节的数据库管理与维护流程。而且,还针对制造业最常出现(但破坏性不强)的突发情况与最严峻(但极少出现)的突发情况,制定了对应的应急预案,以保障数据库的稳定运行。

◆定期检查与优化。该企业规定每月都要对数据库的性能进行检查和优化,及时发现并解决潜在问题。例如,通过检查发现磁盘空间不足,及时扩充磁盘空间,避免了因磁盘空间不足导致的数据库性能下降问题。正因为不断地对数据库结构进行优化,该企业的数据库查询效率和响应速度始终保持高效运行,未出现过一次严重故障。

◆数据备份与恢复。该企业的数据库系统设定每天进行数据备份,防止出现数据丢失或损坏的情况。例如,一次意外断电事件发生后,该企业通过备份数据成功恢复了数据库,确保了业务的连续性。

◆安全防护。该企业为数据库设置了防火墙、使用可自行升级的加密技术，确保数据库的安全性和机密性。并对数据库的访问进行严格的权限设置，例如，在对供应商的订单数据进行查询时，需要通过特定的授权码进行验证，以确保数据的机密性和安全性。

以上措施的应用使得该制造企业的数据库系统保持了良好的运行状态，同时为企业的业财融合和管理决策提供了有力的支持。

总之，基于业财融合的数据库的管理与维护是一项复杂而重要的任务，企业应完善对数据库的管理与维护，确保数据库系统的稳定运行和数据安全。同时，根据企业业务需求和技术发展，不断优化数据库系统，以支持企业的持续发展和竞争优势。

数据质量与一体化数据库

数据质量与一体化数据库是现代企业运营和决策中的重要概念。下面将分别对这两个概念进行详细论述。

1. 数据质量

在商业智能和企业信息化领域，数据质量是一个关键问题。高质量的数据是正确决策的基础，而低质量的数据可能导致决策失误和业务损失。数据质量主要受以下因素的影响。

（1）数据的一致性。数据在多个系统、数据库或数据源之间保持一致性是体现数据质量的重要方面。在多系统集成环境中，数据一致性更加重要。

（2）数据的准确性。即数据是否真实、准确、无误。如果数据存在误差，可能会误导决策，因此数据的准确性是数据质量的核心。

（3）数据的完整性。是指数据是否全面、完整。如果数据缺失或不足，可能会导致决策失误或业务受阻。

（4）数据的时效性。即数据是否及时、更新迅速。过时的数据可能无法反映当前的业务情况，从而影响决策的准确性。

（5）数据的可访问性。即数据是否易于获取和使用。如果数据难以访问或使用，可能会影响工作效率和决策效果。

为了提升客户满意度，也为了增强合规性，降低风险，同时为了提升企业的竞争优势，企业必须不断提高数据质量，为此应采取以下措施。

（1）建立数据质量标准和评估体系。制定明确的数据质量标准和评估体系，以便对数据进行评估和管理。

（2）数据清洗和整合。对数据进行清洗和整合，去除重复、错误和不完整的数据，提高数据的准确性和完整性。

（3）数据监控和管理。建立对数据的全面监控和管理机制，及时发现已经暴露的和尚在隐藏的数据问题并加以解决，确保数据对企业经营的价值。

（4）数据安全保障。采取必要的数据安全措施，如加密、备份等，确保数据的安全性和完整性。

2. 一体化数据库

一体化数据库，是指将多种数据类型和来源集中管理、统一存储和共享使用的数据库系统。一体化数据库的出现，是为了解决传统数据库系统难以处理大量数据、难以保证数据一致性和实时性的问题。

一体化数据库通常采用分布式架构，将数据分散到多个节点上，实现负载均衡性和高可用性。同时，一体化数据库还具有以下几个特点。

（1）集中管理。一体化数据库可以集中管理多个数据源和类型的数据，提供统一的存储和管理界面。

（2）数据共享。一体化数据库可以实现不同部门和业务系统之间的数据共享和交换，提高数据的利用效率和价值。

（3）高性能。一体化数据库通常采用高性能的存储和数据处理技术，能够处理大量数据和高并发请求，保证系统的稳定性和可用性。

（4）实时性。一体化数据库可以实时地获取和处理业务事件触发的全部数据，保证数据的及时性和准确性。

（5）可扩展性。一体化数据库通常采用模块化设计，可以根据业务需求进行扩展和升级，满足不同阶段的数据处理需求。

建设一体化数据库对于企业的运营和发展至关重要。为了实现这一目标，企业需要采取以下措施。

（1）合理规划数据库架构。根据业务需求和数据量的大小，合理规划数据库架构，包括分片、副本、索引等设置。

（2）数据备份和恢复。定期备份数据，并制定相应的恢复策略，确保数据的完整性和可靠性。

（3）数据监控和管理。建立数据监控和管理机制，及时发现和解决数据问题，确保数据的准确性和完整性。

总之，数据质量与一体化数据库对于企业经营发展非常重要。数据质量不仅可以保障数据库的稳定运行和高质量运作，也可以保障企业的稳定运营与高质量发展。一体化数据库可以提供更一致、可靠的数据，从而提高数据质量，减少数据重复和不一致。

第八章　数据使用与安全管理

业财融合中的数据使用与安全管理非常重要，是数据处理过程中的关键环节。对于数据使用，需要依据法律法规和企业规章制度进行，并要采取措施确保数据使用的合法性和安全性。在安全管理方面，需要建立完善的数据安全管理体系，以确保数据不被未经授权的第三方获取或滥用。总之，合理的数据使用和安全管理是保护企业信息安全的重要措施。

数据挖掘与机器学习在业财融合中的应用

数据挖掘与机器学习是人工智能领域中的两个重要概念，近年来在业财融合中得到了广泛的关注和研究。

数据挖掘（Data Mining）是从大量数据中提取有用信息的过程。主要是企业或个人寻找有价值的信息，从一堆庞杂的数据中，找到有助于业务发展，提升企业营收，甚至帮助企业发现新机会的过程。数据挖掘的过程需要人类来完成，涉及的数据预处理（ETL将数据从来源端经过抽取、转换、加载至目的端的过程）、数据清洗、数据集成等、数据仓库（可以是 DBMS 数据库管理系统、大型数据仓库以及分布式存储系统）与 OLAP（联机分析处理），以及使用各种算法（主要是机器学习的算法）进行挖掘和最后的评估工作。

机器学习（Machine Learning）是发现算法的过程，这些算法通过从数据中获得的经验进行改进。它是算法的设计、研究和开发，使得机器无须人工干预即可学习。机器学习通常与计算机科学有关，并通过统计、在线分析处理、情报检索、机器学习、专家系统（依靠过去的经验法则）和模式识别等诸多方法来实现上述目标。

数据挖掘和机器学习在处理大数据和提供决策支持方面具有重要作用，可以自动处理和分析大量数据，从中提取有价值的信息，帮助企业做出更明智的决策。

数据挖掘在业财融合中的应用主要体现在以下三个方面。

（1）财务数据分析。数据挖掘技术可以帮助企业从海量的财务数据中提取有价值的信息，进而分析企业的财务状况、经营绩效等，为企业的战略决策提供支持。

（2）客户细分。通过数据挖掘技术，企业可以根据客户的行为、偏好、需求等，将客户进行细分，针对不同的客户群体提供个性化的产品和服务，提高客户满意度和忠诚度。

（3）预测市场趋势。数据挖掘技术可以帮助企业预测市场趋势，了解市场需求和竞争状况，为企业的市场策略提供指导。

机器学习在业财融合中的应用也十分广泛。

（1）自动化决策。机器学习可以帮助企业实现自动化决策，通过对数据的分析和学习,自动识别模式并进行预测,减少人工干预的需求。

(2)风险管理。机器学习可以帮助企业进行风险管理,通过对数据的分析和学习,自动识别风险点并进行预警,提高企业的风险应对能力。

(3)智能合约管理。机器学习可以帮助企业实现智能合约管理,通过对数据的分析和学习,自动识别合约执行中的风险点并进行预警,提高企业的合约管理能力。

综上所述,数据挖掘与机器学习在业财融合中的应用具有广泛的前景和潜力。未来,随着技术的不断发展和应用场景的不断扩大,数据挖掘和机器学习将在业财融合中发挥更加重要的作用。

业务数据质量是财报内控的基础

在当今的数字化时代,业务数据质量对于企业的财务内部控制至关重要。数据的完整性、准确性、合规性、一致性、可追溯性、及时性和安全性是确保业务数据质量的基础要素。

1. 数据完整性

数据完整性,是指数据的全面性和准确性,即数据在传输和存储过程中没有被篡改、破坏或丢失,数据能够真实、完整地反映业务活动。影响数据完整性的因素包括数据收集不完全、数据丢失、数据存储错误等。为提高数据完整性,企业应采取以下措施。

（1）完善数据收集机制，确保数据的全面性和准确性。

（2）建立数据备份和恢复机制，防止数据丢失。

（3）提高员工的数据意识和能力，并提高他们挖掘数据的能力。

2. 数据准确性

数据准确性，是指数据是否真实、准确地反映了业务活动。真实可靠的数据是企业实现业财融合的基本要求之一，是经营者进行正确经营决策必不可少的信息保障。影响数据准确性的因素包括人为错误、系统故障、数据输入错误等。为提高数据的准确性，企业应采取以下措施。

（1）加强员工培训，提高数据录入和审核人员的技能。

（2）引入自动化校验功能，减少人为错误。

（3）定期进行数据质量检查，发现并纠正数据错误。

3. 数据合规性

数据合规性，是指数据是否符合法律法规和行业标准的要求，以确保数据隐私、适应性和可用性的保护。影响数据合规性的因素包括法律法规变化、不合规的数据输入等。为提高数据的合规性，企业应采取以下措施。

（1）密切关注法律法规变化，确保数据处理和存储符合相关要求。

（2）建立数据审计机制，对数据进行定期的合规性检查。

（3）与行业标准对标，确保数据处理和存储符合行业最佳实践。

4. 数据一致性

数据一致性，是指在不同系统或不同时间点上，数据的表示方式是否一致。具体而言，就是在不同系统或不同时间点上，数据的表现形式和业务含义保持一致的程度。影响数据一致性的因素包括系统差异、时间差异等。为提高数据的一致性，企业应采取以下措施。

（1）建立统一的数据标准和编码体系，确保不同系统之间的数据一致性。

（2）引入数据同步机制，确保不同时间点上的数据一致性。

（3）定期进行数据对账和清洗，发现并解决数据不一致的问题。

5. 数据可追溯性

数据可追溯性，是指能够追踪数据的来源、处理过程和历史记录的能力。可以帮助企业在出现数据泄露或其他问题时，快速找出问题根源，并采取相应的措施。影响数据可追溯性的因素包括数据处理流程不透明、数据记录不完整等。为提高数据的可追溯性，企业应采取以下措施。

（1）建立完整的数据记录机制，包括数据的来源、处理过程和历史记录。

（2）引入数据处理流程监控功能，确保数据处理过程透明可控。

（3）定期进行数据溯源检查，发现并解决数据可追溯性问题。

6. 数据及时性

数据及时性，是指数据的时效性，即数据是否及时反映业务活动。时效性取决于数据的收集、整理、处理和发布的速度。影响数据及时性的因素包括数据处理速度慢、数据传输延迟等。为提高数据的及时性，企业应采取以下措施。

（1）引入高性能数据处理系统，提高数据处理速度。

（2）建立实时数据传输机制，确保数据及时传输到需要的地方。

（3）定期进行数据处理和传输速度优化，提高数据处理效率。

7. 数据安全性

数据安全性，是指数据的保密性、可用性和可扩展性。是保护企业的信息资产免遭未经授权的访问、泄露、修改或盗窃的综合性做法。影响数据安全性的因素包括黑客攻击、内部泄密、自然灾害等。为提高数据的安全性，企业应采取以下措施。

（1）加强网络安全防护，防止黑客攻击。

（2）建立严格的保密制度，防止内部泄密。

（3）定期进行备份和容灾演练，确保数据的可用性和完整性。

总之，业务数据质量是财报内控的基础，企业应从以上七个方面加强业务数据的完整性、准确性、合规性、一致性、可追溯性、及时性和安全性，以确保财务报告的准确性和可靠性。同时，随着企业业务规模的不断扩大和市场竞争的日益激烈，企业应不断优化数据处理和分析技术，提高数据处理的效率和质量，以更好地支持业务决策和管理。

实现数据的自动归集、加工和流动

在企业实现业财融合的众多基础数字化能力中，对数据的收集、存储、分析、加工、管理和分享能力始终是核心能力之一。

网飞（Netflix）就是通过强化数据管理，才成功地建起了业财融合制度。通过整合用户观看数据、订阅数据和财务数据，以预测用户行为、优化内容推荐，并提高订阅率，这一数据驱动的方法帮助 Netflix 成了全球最大的流媒体平台之一。

但是，实现数据的自动归集、加工和流动是一个涉及多个领域的复杂过程，下面将详细论述这个过程。

1. 数据归集

数据归集，是指从各种来源（如传感器、数据库、文件等）收集和整理数据的过程。这个过程通常需要使用特定的数据采集工具或者编写数据采集程序。数据归集面对的挑战在于如何有效地管理和控制数据流，确保数据的准确性和完整性。

在实现数据归集的过程中，需要考虑以下几个步骤。

第1步，确定数据源。了解需要收集哪些数据，以及这些数据来自哪里。需要分析业务需求，理解企业的业务流程，以及了解可以从哪些系统或设备中获取数据。

第2步，定义数据格式和协议。确定数据的格式和传输协议，包括数据的类型、结构、编码方式等。

第3步，建立数据连接。使用适当的技术和工具，建立与数据源的连接。这一步骤将涉及网络通信、数据接口开发或数据抽取等工作。

第4步，数据清洗和转换。在收集到数据后，需要进行数据清洗和转换，以去除噪声、填充缺失值、转换数据格式等。

2. 数据加工

数据加工，是指对数据进行处理和分析，以便从中提取有用的信息。

这一步骤涉及各种数据处理技术，如数据挖掘、机器学习、统计分析等。

在实现数据加工的过程中，需要考虑以下几个步骤。

第1步，数据筛选。根据一定的规则和条件，筛选出符合要求的数据。

第2步，数据转换。将数据从一种形式转换为另一种形式，以便更方便地进行后续分析，涉及数据聚合、分组、计算等操作。

第3步，数据建模和分析。使用适当的数学和统计模型，对数据进行深入的分析和研究，涉及回归分析、时间序列分析、聚类分析等。

第4步，可视化和报告。将分析结果以易于理解的方式呈现给用户，如生成报表、图形或仪表板等。

3.数据流动

数据流动，是指将处理后的数据传输到需要使用这些数据的部门或系统。涉及各种数据传输技术，如消息队列、数据流处理、数据管道等。

在实现数据流动的过程中，需要考虑以下几个步骤。

第1步，确定数据用户。了解谁需要使用这些数据，以及他们需要的数据格式和频率。

第2步，建立数据接口。根据用户需求，建立适当的数据接口或数据流，涉及API（应用程序接口）开发、消息队列设置、数据处理管道建设等。

第3步，数据传输。将处理后的数据传输到指定的用户或系统。包括实时或批量的数据传输，以及需要考虑数据的安全性和可靠性。

第4步，数据监控和管理。对数据流动过程进行监控和管理，确保数据的准确性和完整性，以及处理任何可能出现的问题。

综上所述，实现数据的自动归集、加工和流动是一个复杂的过程，需要结合业务需求和技术工具进行全面的规划和实施。但只有做到数据的自动归集、加工和流动，数据使用权和授权管理才能进一步做好，而业财融合的实施需要建立在这样的基础上。

数据安全与隐私保护工具

在企业建设业财融合的过程中，数据已经成为企业运营和竞争的核心资源。然而，由于数据泄露事件的频频发生，给企业带来了巨大的风险。为了保障数据安全和隐私权益，各种数据安全和隐私保护工具应运而生。本节将详细论述这些工具及其在实践中的应用。

数据安全，是指保护数据免受未经授权的泄露、更改或破坏。包括对数据的保密性、完整性和可用性的保护。隐私保护，则是指保护个人隐私不被非法收集、传播和使用。

数据安全和隐私保护工具的主要类型如下。

（1）加密工具。加密是一种将数据转换为不可读形式的过程，以防止未经授权的访问。例如，SSL（数字证书的一种）是一种常用的加密协议，用于保护网络传输中的数据。

（2）防火墙。防火墙是一种网络安全系统，用于监视和控制网络流量，也可以阻止未经授权的访问和数据泄露。

（3）入侵检测系统。入侵检测系统是一种用于检测网络攻击的系统，可以监控网络流量，发现异常行为并及时做出响应。

（4）数据脱敏工具。数据脱敏是一种将敏感数据替换为无意义或随机数据的过程，可以保护敏感数据的隐私，同时满足某些法规要求。

（5）身份验证工具。身份验证工具可以确认用户的身份，防止未经授权的访问。例如，多因素身份验证可以增加安全性，通过要求用户提供多种验证方式来确认身份。

（6）审计和监控工具。审计和监控工具可以跟踪和记录网络活动，以便及时发现和应对安全事件。

（7）安全信息和事件管理（SIEM）工具。SIEM工具可以收集和分析来自不同来源的安全日志信息，以发现潜在的安全威胁。

（8）终端安全工具。终端安全工具可以保护终端设备免受恶意软件的攻击，例如，防病毒软件和防恶意软件。

（9）云安全工具。随着云计算的普及，云安全工具变得越来越重要。这些工具可以保护云服务中的数据安全和隐私，如加密、访问控制和安全审计等。

为了更好地理解数据安全与隐私保护对企业经营管理和实现业财融合的重要性，以下通过三个案例以作进一步说明。

案例1：银行客户数据保护

某大型银行使用了数据脱敏工具对其客户数据进行保护。通过将客户的敏感信息替换为无意义的数据，确保了客户隐私的安全。同时，该银行还采用了多因素身份验证和防火墙等其他工具来增强客户数据的安全性和隐私保护。

案例2：医疗数据隐私保护

某大型医疗机构使用加密工具来保护患者数据的安全和隐私。通过使用SSL加密协议，确保了在线医疗记录的机密性，防止未经授权的访问和泄露。此外，该机构还采用了入侵检测系统和审计工具来及时发现和应对潜在的安全威胁。

案例3：政府数据公开与隐私保护

某市政府为了提高政务工作的透明度，使用数据脱敏工具对其公民数据进行处理后公开。通过将敏感信息进行脱敏处理，确保了公开数据的可用性和无害性，同时保护了公民隐私不受侵犯。该市政府还采用了安全信息和事件管理（SIEM）工具来监控和处理潜在的安全事件。

总而言之，数据安全和隐私保护工具在保障企业和个人的信息安全方面发挥着至关重要的作用。这些工具可以采取多种手段，如加密、设置防火墙、建立入侵检测系统等来保护数据的机密性、完整性和可用性。通过结合多种工具，可以形成一套全面的安全策略，有效降低数据泄露和隐私侵犯的风险。

自动报告工具与数据输出

随着企业数据量的不断增长，人工处理和分析数据变得越来越困难。同时由于业财融合的现实需要，也不允许企业仍以人工方式来分析和处理数据。自动报告工具与数据输出成了提高数据处理效率、降低错误率的重要手段。本节将详细论述自动报告工具与数据输出，并通过案例来分析其应用和价值。

自动报告工具是一种基于数据输入、数据处理和数据输出的软件工具。它可以根据预设的条件和规则，自动生成报告，提供决策支持和信息管理。以下是自动报告工具的主要特点。

◆自动化。自动报告工具能够根据预设规则自动生成报告，大大减少了人工操作，提高了效率。

◆灵活性。这些工具通常支持多种数据源和格式，可以根据需求进行定制。

◆可靠性。由于是机器操作，所以减少了人为错误，提高了报告的准确性。

◆实时性。自动报告工具可以实时收集和处理数据，保证了报告的及时性。

自动报告工具通常与其他云数据采集产品结合使用,实现对采集到的数据进行可视化展示和定制化报告输出。常用的自动化报告工具如Tablear、Power BI等。

数据输出是将数据处理的结果以某种形式展示给用户的过程,可以是文字、图表、图像等,也可以是数据库或文件等形式。数据输出的目的是让用户更好地理解和利用数据。以下是数据输出的主要类型。

◆表格。最常用的数据输出形式之一,能够清晰地展示数据的结构和关系。

◆图表。可以直观地展示数据的分布和趋势,便于用户进行比较和分析。

◆图像。用于显示数据的细节和特征,如热力图、点阵图等。

◆数据库。将数据处理的结果存储起来,支持数据的查询、更新和删除等操作。

◆文件。将数据输出为文本、图片、音频、视频等形式,方便用户进行导出和使用。

以上数据输出方式,企业在实际应用时要选择最快捷、最高效、最直观的方式,应全部利用机器通过技术方式输出,要杜绝采用人工方式。但在实务中,很多中小企业仍然停留在使用人工表格处理软件阶段,虽然投入了人力与时间,但不能保证分析结果的正确性。

运用自动报告工具的宗旨就是以机器代替人工,以自动化代替手动化,让所输出的数据成为不受任何外界因素干扰的纯净信息池和能够包含所有能考虑到的情况的完全信息库。

自动报告工具的执行过程一般分为三个步骤：①收集需要的数据；②设计算法模型分析数据；③以直观的方式展现数据。随着企业加大对业财融合所需的信息化建设的投入，逐步建立起生产管理、库存管理、销售管理等系统，自动报告输出系统将被建成为统一规划的集成系统（见图8-1）。

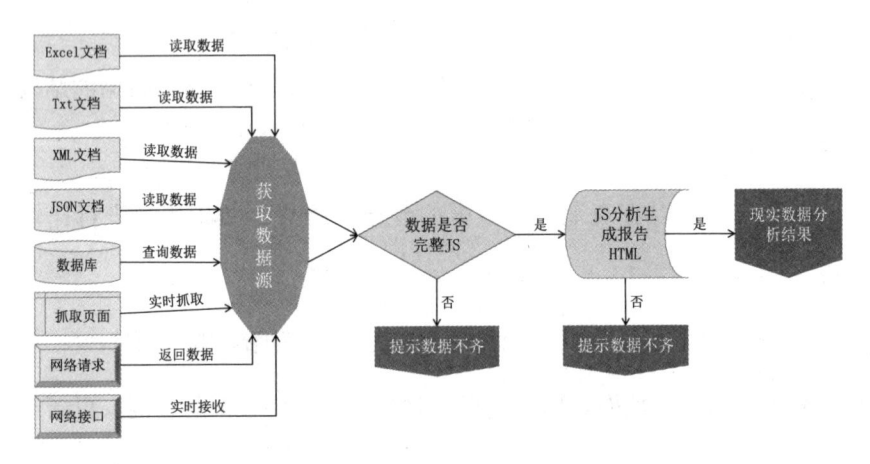

图8-1 自动报告工具执行流程

为了更好地理解自动报告工具与数据输出对企业经营管理和实现业财融合的重要性，以下通过两个案例来做进一步说明。

案例1：财务报表生成系统

某公司开发了一套财务报表生成系统。该系统根据公司的财务数据和规则，自动生成财务报表。系统采用自动报告工具实现自动化和灵活性，支持多种数据源和格式，并能够根据需求进行定制。同时，系统采用数据输出技术将财务报表以表格和图表的形式展示给用户，方便用户进行查看和分析。通过使用该系统，公司大大提高了财务报表的生成效率和准确性，降低了财务数据处理的人力成本。

案例2：销售数据分析系统

某电子商务公司为了提高销售业绩和市场占有率，开发了一套销售数据分析系统。该系统的目标是通过对销售数据和用户行为数据进行自动化处理和分析，为管理者提供准确的销售预测和市场趋势分析。该系统利用自动报告工具对销售数据和用户行为数据进行自动化处理与分析，并将结果以图表和图像的形式展示给管理者，为公司提供了更加精准的销售预测和市场趋势分析。通过使用该系统，提高了公司的销售业绩和决策效率，同时优化了产品设计和功能。

总之，自动报告工具与数据输出是现代数据处理技术的重要组成部分。它们的应用范围广泛，能够大大提高数据处理效率和质量。未来，随着技术的不断发展，自动报告工具和数据输出将更加智能化、自动化和个性化。同时，随着大数据、人工智能等技术的不断发展，自动报告工具和数据输出将更加智能化、自动化和个性化。

第九章　数据共享与实时控制

数据共享与实时控制是业财融合中的重要概念。业财融合要求在业务部门和财务部门之间共享数据和信息，有助于更准确地了解业务绩效、成本结构和财务健康状况。

数据共享与实时控制两者相互促进，密不可分。数据共享是实现实时控制的基础，实时控制是数据共享的进一步发展。通过数据共享与实时控制，企业可以更好地管理和优化业务流程，提高工作效率和准确性。

数据共享在业财融合中的作用

随着全球化和数字化的深入推进，企业的业务和财务之间的界限逐渐模糊。传统的独立运营模式已不能满足现代企业的需求，业财融合成了企业发展的必然趋势。在这个过程中，数据共享发挥着至关重要的作用。

数据共享是业财融合的基础，是指在不同部门、不同业务系统之间实现数据资源的共享和流通。在业财融合的背景下，数据共享具有以下几个特点。

首先，数据共享有利于提高业务和财务信息的准确性。通过实现数据共享，各部门可以相互校验和核对数据，减少因信息不对称导致的数据错误。

其次，数据共享有利于提高业务和财务流程的协同性。通过数据共享，各部门可以了解其他部门的业务和财务情况，更好地协同工作，提高整体运营效率。

最后，数据共享有利于实现数据资源的最大化利用。通过共享数据，可以将原本分散、独立的数据资源整合起来，实现数据的最大化利用，为决策提供更有力的支持。

在业财融合的过程中，数据共享可以将企业的业务和财务数据整合在一起，使企业能够更好地了解自身的经营状况，做出更明智的决策。数据共享在业财融合中的作用如下。

（1）提高决策效率。通过数据共享，企业可以实时获取业务和财务数据，及时掌握企业的经营状况，从而做出更明智的决策。这样不仅可以提高决策效率，还可以降低决策风险。

（2）提升企业竞争力。通过数据共享，企业可以更好地了解市场需求和客户需求，优化产品和服务，提高客户满意度。同时，数据共享还可以帮助企业优化内部管理流程，降低成本，提高效益。

（3）加强风险管理。通过数据共享，企业可以更好地掌握自身的经营状况和财务风险，及时发现和解决潜在的风险问题。这样不仅可以降低企业的风险，还可以提高企业的风险应对能力。

（4）促进企业可持续发展。通过数据共享，企业可以实现绿色生产和可持续发展。在对数据的分析和利用的过程中,企业可以更好地掌握自身的能源消耗和环境污染情况,从而采取有效的措施来降低对环境的影响。这样不仅可以促进企业的可持续发展,还可以提高企业的社会责任感。

实现数据共享并非一朝一夕就可以达成的,需要在一些关键因素上做到最高标准的执行(见图9-1)。

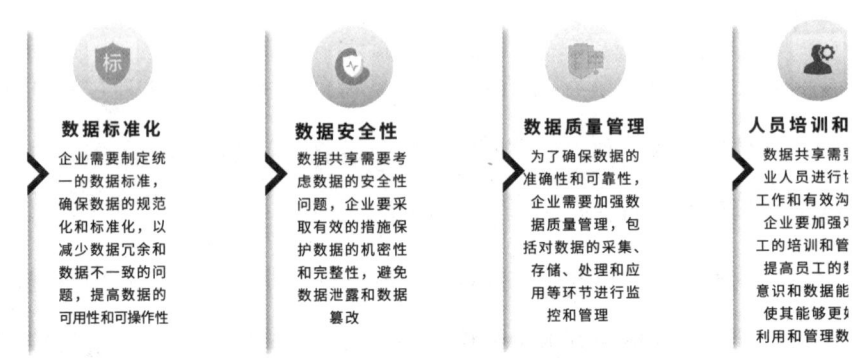

数据标准化	数据安全性	数据质量管理	人员培训和
企业需要制定统一的数据标准,确保数据的规范化和标准化,以减少数据冗余和数据不一致的问题,提高数据的可用性和可操作性	数据共享需要考虑数据的安全性问题,企业要采取有效的措施保护数据的机密性和完整性,避免数据泄露和数据篡改	为了确保数据的准确性和可靠性,企业需要加强数据质量管理,包括对数据的采集、存储、处理和应用等环节进行监控和管理	数据共享需业人员进行工作和有效沟企业要加强工的培训和管提高员工的意识和数据能使其能够更利用和管理数

图9-1 实现数据共享的关键因素

综上所述,数据共享是实现业财融合的关键因素之一。通过数据共享,企业可以实现业务和财务的一体化,提高决策效率,提升企业竞争力,加强风险管理和促进可持续发展。为了实现数据共享,企业需要制定统一的数据标准,确保数据的规范化和标准化;加强数据安全管理和保护;加强数据质量管理;加强人员培训和管理;建立完善的数据共享平台和机制等措施。只有这样,企业才能更好地利用和管理数据,实现业务和财务的深度融合与发展。

数据共享平台与技术

随着大数据时代的到来，数据已经成为企业竞争的核心资源。然而，数据的价值不仅仅在于其数量，更在于其质量和应用场景。在许多企业中，数据分散在不同的业务部门和系统中，形成了"数据孤岛"，阻碍了数据的流通和应用。为了解决这一问题，数据共享平台应运而生，成为打通"数据孤岛"、提升数据价值的重要工具。本节将详细论述数据共享在业财融合中的作用。

1. 数据共享平台

数据共享平台是一种基于云计算的技术架构，通过将企业内部和外部的数据进行整合、存储、管理和共享的综合性平台。通过数据共享平台，企业可以实现数据的集中管理和共享应用，提高数据的利用效率和价值。数据共享平台的关键要素如下。

◆数据集成。数据共享平台需要具备强大的数据集成能力，能将来自不同业务部门、不同类型的数据进行整合，消除"数据孤岛"现象。

◆数据存储。数据共享平台需要具备高效、可扩展的数据存储能力，能够存储海量的数据，保证数据的完整性和可用性。

◆数据处理。数据共享平台需要具备强大的数据处理能力，能够对数据进行清洗、转换、分析和挖掘等操作,提高数据的价值和质量。

◆数据共享。数据共享平台需要具备安全、可靠的数据共享能力,能够实现数据的跨部门、跨系统共享和应用,提高数据的利用效率和价值。

通过数据共享平台的整合和处理,可以提高数据的准确性和完整性。同时,实现数据的跨部门、跨系统共享和应用,提高数据的利用效率和价值。而且,通过数据共享平台的集中管理和共享应用,也可以减少资源的重复投入和浪费,降低企业的成本。

2. 数据共享技术

数据共享技术是在不同组织、系统之间实现数据流通和共享的技术手段。在信息化时代,数据已经成为企业竞争的核心资源,而数据共享技术则是实现数据价值的关键手段。

数据共享技术包括以下三种。

◆文件共享技术。主要适用于文件的传输和共享,如FTP、SFTP等。

◆数据库共享技术。主要适用于结构化数据的存储和共享,如MySQL、Oracle等。

◆大数据共享技术。主要适用于海量数据的处理和共享,如Hadoop、Spark等。

文件共享技术的优点是实现简单,适用于小规模的数据共享;缺点是对于大规模数据和复杂数据类型的管理能力较弱。数据库共享技术的优点是具有较好的数据结构化和规范化能力,适用于管理复杂的数据类型;缺点是具备一定的技术门槛,实现成本较高。大数据共享技术的优点是能够处理大规模数据,具有较好的扩展性和灵活性;缺点是需要满足较高的技术要求和管理成本。可见，各种技术各有优缺点，企业需要根据具体的应用场景选择合适的工具。

数据共享技术的实现方式包括 API 接口、建立数据仓库和云计算平台三种，实现数据的集中管理和共享应用（见图9-2）。

A　API接口可以提供标准化的接口定义和调用方式，方便应用程序之间的交互和调用

B　数据仓库可以将来自不同业务部门、不同类型的数据进行整合和组织，提高数据的利用效率和价值

C　云计算平台可以提供虚拟化、弹性伸缩和自动化管理等特性，提高数据的利用效率和价值

图9-2　数据共享技术实现方式的底层说明

总之，为了更好地利用和管理数据，企业需要建立完善的数据共享平台和技术体系。通过数据共享平台和技术体系的发展与应用，企业可以实现数据的集中管理和共享应用，提高数据的利用效率和价值，为实现业财融合并能将业财融合的作用发挥到最大，同时也为企业的决策和发展提供强有力的支持。

实时控制在业财融合中的作用

随着商业环境的不断演变和数字化革命的崛起，实时控制在业财融合中的作用变得愈加重要。

实时控制是一种基于即时数据和信息的决策过程,旨在迅速响应市场和内部变化,以保持业务的灵活性和竞争力。在业务和财务融合的背景下,实时控制涉及整合业务运营数据和财务数据,以便更好地管理资源、降低风险,并制订战略计划。在业财融合的背景下,实时控制具有以下几个特点。

◆实时性。实时控制能够实时地收集和分析业务数据,并及时将信息反馈给相关人员,以便他们能够迅速做出决策和调整。

◆紧密结合。实时控制将业务和财务紧密结合,实现了信息的集成和共享,使得业务人员和财务人员能够更好地理解和掌握公司的运营情况。

◆风险防范。实时控制能够及时发现和解决潜在的风险与问题,有效防范企业的经营风险,保证企业价值创造过程的实现。

◆提高效率。通过实时控制,企业能够更好地管理和优化业务流程,提高工作效率和准确性,同时也能提高企业的财务管理水平。

◆数据驱动决策。实时控制产生大量的数据,这些数据可以用来驱动决策,帮助管理层更好地理解业务情况,并做出更明智的决策。

业财融合旨在消除传统的业务部门和财务部门之间的隔离,实时控制在这一融合过程中发挥了关键作用。它通过将财务数据与业务数据整合在一起,使企业能够更全面地了解其运营情况。实时控制在业财融合中的作用,主要体现在以下四个方面。

(1)实时控制有助于提升决策的效率和效果。在业财融合过程中,通过实时共享业务数据和财务数据,企业能够更好地理解业务运行状态,及时发现和解决问题,避免因信息不对称或延迟而导致决策失误。同时,实时控制能够缩短决策周期,加快业务响应速度,提高企业竞争力。

（2）实时控制有助于防范企业的经营风险。在业财融合的背景下，企业可以通过实时监控关键业务节点，及时发现潜在风险，并采取相应的风险应对措施。此外，实时控制还可以通过数据分析和预测，对未来可能出现的风险进行预警和防范，从而降低企业的风险应对成本。

（3）实时控制有助于提高企业的执行力。通过实时控制，企业可以将战略目标转化为具体的业务行动计划，并通过数据分析和反馈来评估执行效果。有助于企业更好地把握业务发展方向，落实战略目标。

（4）实时控制有助于提高企业财务管理的水平。在业财融合的过程中，财务人员可以更加深入地了解业务运营情况，获取更加准确和及时的财务信息。有助于提高财务报告的质量和透明度，增强财务分析和决策支持能力。

综上所述，业财融合中的实时控制是业务与财务的紧密结合，通过打通财务与内部业务、财务与外部利益相关者的界限，实现信息的集成与实时控制。围绕业务链条中的关键节点，利用生成的信息数据及时反馈信息给各利益相关方面的管理层。这种控制是双向的，即财务要靠近业务，业务也要靠近财务。

实时控制技术与工具

实时控制技术与工具在业财融合中扮演着重要的角色，能够实时地收集和分析业务数据，并及时将信息反馈给相关人员，以便他们能够迅速做出决策和调整。

实时控制技术，是指利用信息技术和自动化手段，对企业的业务流程进行实时监控和调整，以达到提高效率、降低成本、防范风险等目的。实时控制技术包括以下几个方面的内容。

◆自动化流程管理。利用流程自动化技术，将企业的业务流程转化为自动化流程，实现流程的自动化执行和监控。由此可以提高工作效率，降低人力成本，并且减少人为造成的错误和失误。

◆实时数据采集与分析。通过数据采集技术，实时获取企业的业务数据，并利用数据分析技术对数据进行处理和分析，以获取有价值的信息。这样可以及时发现和解决潜在的风险和问题，有效防范企业的经营风险。

◆实时决策支持系统。利用大数据、云计算等技术，对企业的业务数据进行分析和预测。由此可以提高管理层的决策效率和准确性，帮助企业更好地应对市场变化和风险挑战。

为了更高效地实现实时控制，企业需要选择合适的工具和技术。以下是一些常见的实时控制工具。

（1）自动化流程管理软件。可以帮助企业实现业务流程的自动化执行和监控。例如，ERP（企业资源规划）系统、SCM（供应链管理）系统等都提供了自动化流程管理功能。这些软件可以通过定制和配置，以满足企业的特定需求。

（2）实时数据采集与分析工具。能够帮助企业实时获取业务数据，并进行分析和处理。例如，BI（商业智能）工具、数据仓库等都提供了实时数据采集与分析功能。这些工具可以通过与企业的业务系统进行集成，来获取实时的业务数据,并对这些数据进行处理和分析,以提供有价值的信息和决策支持。

(3)实时决策支持系统。利用大数据、人工智能等技术,对企业的业务数据进行分析,并为管理层提供实时决策支持和建议。例如,AI(人工智能)算法、预测模型等都可以用于实时决策支持系统。这些系统可以通过对大量数据的分析和预测,以提供有价值的信息和建议,帮助企业更好地应对市场变化和风险挑战。

(4)云计算与大数据技术。通过云计算技术,企业可以快速地处理大量数据,实现数据的实时分析和处理。同时,大数据技术可以帮助企业更好地管理和分析业务数据,挖掘出有价值的信息和建议。例如,Hadoop、Spark等大数据处理框架可以用于数据的存储、处理和分析。

实施控制技术是实现业财融合的重要手段,因此在具体实施时需要遵循一定的步骤(见图9-3)。

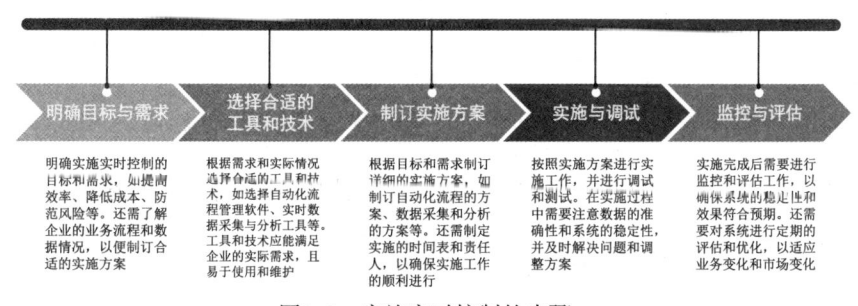

明确目标与需求	选择合适的工具和技术	制订实施方案	实施与调试	监控与评估
明确实施实时控制的目标和需求,如提高效率、降低成本、防范风险等。还需了解企业的业务流程和数据情况,以便制订合适的实施方案	根据需求和实际情况选择合适的工具和技术,如选择自动化流程管理软件、实时数据采集与分析工具等。工具和技术应能满足企业的实际需求,且易于使用和维护	根据目标和需求制订详细的实施方案,如制订自动化流程的方案、数据采集和分析的方案等。还需制定实施的时间表和责任人,以确保实施工作的顺利进行	按照实施方案进行实施工作,并进行调试和测试。在实施过程中需要注意数据的准确性和系统的稳定性,并及时解决问题和调整方案	实施完成后需要进行监控和评估工作,以确保系统的稳定性和效果符合预期。还需要对系统进行定期的评估和优化,以适应业务变化和市场变化

图9-3 实施实时控制的步骤

总之,通过利用这些技术和工具,企业可以实现信息的集成和共享,提高运营效率和风险管理水平。在实施过程中,需要注意明确目标与需求、选择合适的工具和技术、制订实施方案、进行实施与调试以及监控与评估等方面的工作。

第十章 业财融合模型

业财融合模型是将企业的业务和财务信息集成在一起的工具，在企业管理和决策过程中具有综合性的洞察力、更好的决策支持、提升效率、风险管理、战略规划等方面的作用。业财融合模型的运用可以提高企业的竞争力，更好地满足市场需求，降低风险，增强决策支持，并帮助企业实现成功。

业务事件驱动模型

业务事件驱动模型是一种用于描述和优化业务过程的方法，以事件为核心，将业务过程中的各种活动和流程转化为事件，并通过对事件的响应和处理来驱动整个业务过程。

业务事件驱动模型通过处理由特定事件触发的行为来优化业务流程。设计原则是根据不同的事件类型，调用基本组件将事件分派给不同的业务逻辑单元进行处理（见图10-1）。

获取实时的业务数据,并对这些数据进行处理和分析,以提供有价值的信息和决策支持。

(3)实时决策支持系统。利用大数据、人工智能等技术,对企业的业务数据进行分析,并为管理层提供实时决策支持和建议。例如,AI(人工智能)算法、预测模型等都可以用于实时决策支持系统。这些系统可以通过对大量数据的分析和预测,以提供有价值的信息和建议,帮助企业更好地应对市场变化和风险挑战。

(4)云计算与大数据技术。通过云计算技术,企业可以快速地处理大量数据,实现数据的实时分析和处理。同时,大数据技术可以帮助企业更好地管理和分析业务数据,挖掘出有价值的信息和建议。例如,Hadoop、Spark等大数据处理框架可以用于数据的存储、处理和分析。

实施控制技术是实现业财融合的重要手段,因此在具体实施时需要遵循一定的步骤(见图9-3)。

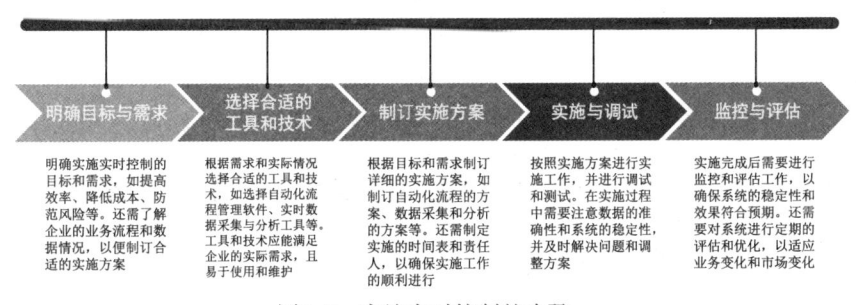

明确目标与需求	选择合适的工具和技术	制订实施方案	实施与调试	监控与评估
明确实施实时控制的目标和需求,如提高效率、降低成本、防范风险等。还需了解企业的业务流程和数据情况,以便制订合适的实施方案	根据需求和实际情况选择合适的工具和技术,如选择自动化流程管理软件、实时数据采集和分析工具等。工具和技术应满足企业的实际需求,且易于使用和维护	根据目标和需求制订详细的实施方案,如制订自动化流程的方案、数据采集和分析的方案等。还需制定实施的时间表和责任人,以确保实施工作的顺利进行	按照实施方案进行实施工作,并进行调试和测试。在实施过程中需要注意数据的准确性和系统的稳定性,并及时解决问题和调整方案	实施完成后需要进行监控和评估工作,以确保系统的稳定性和效果符合预期。还需要对系统进行定期的评估和优化,以适应业务变化和市场变化

图9-3 实施实时控制的步骤

总之,通过利用这些技术和工具,企业可以实现信息的集成和共享,提高运营效率和风险管理水平。在实施过程中,需要注意明确目标与需求、选择合适的工具和技术、制订实施方案、进行实施与调试以及监控与评估等方面的工作。

第十章 业财融合模型

业财融合模型是将企业的业务和财务信息集成在一起的工具，在企业管理和决策过程中具有综合性的洞察力、更好的决策支持、提升效率、风险管理、战略规划等方面的作用。业财融合模型的运用可以提高企业的竞争力，更好地满足市场需求，降低风险，增强决策支持，并帮助企业实现成功。

业务事件驱动模型

业务事件驱动模型是一种用于描述和优化业务过程的方法，以事件为核心，将业务过程中的各种活动和流程转化为事件，并通过对事件的响应和处理来驱动整个业务过程。

业务事件驱动模型通过处理由特定事件触发的行为来优化业务流程。设计原则是根据不同的事件类型，调用基本组件将事件分派给不同的业务逻辑单元进行处理（见图10-1）。

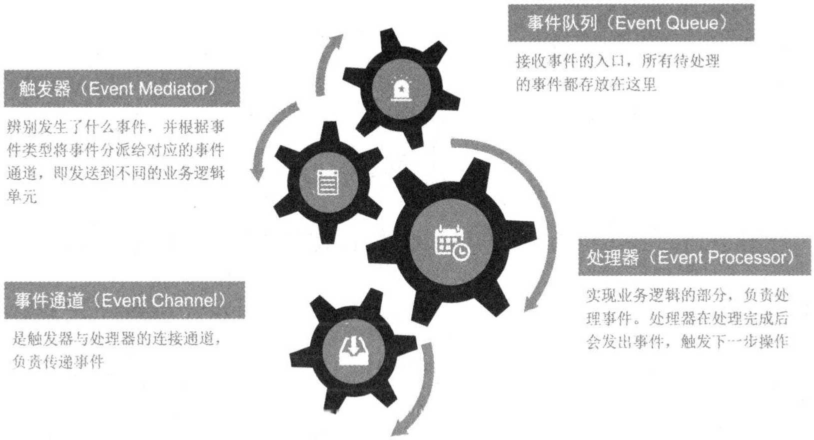

事件队列（Event Queue）
接收事件的入口，所有待处理的事件都存放在这里

触发器（Event Mediator）
辨别发生了什么事件，并根据事件类型将事件分派给对应的事件通道，即发送到不同的业务逻辑单元

处理器（Event Processor）
实现业务逻辑的部分，负责处理事件。处理器在处理完成后会发出事件，触发下一步操作

事件通道（Event Channel）
是触发器与处理器的连接通道，负责传递事件

图10-1 业务事件驱动模型的基本组件

在实现业务事件驱动模型时，一般会采用批次设计方式。其特点是在程序运行过程中，事件的发生、事件的发送和事件的处理都是预先设计好的。虽然这种方式比较初级，但它能够确保事件处理的效率和准确性。

下面，通过一个详细的案例来介绍业务事件驱动模型。因为在具体执行业务事件驱动时，触发器、时间通道和处理器三部分的执行都在系统后台操作，所以表面看到的就是一个个事件的处理流程。

某电商网站在日常运营中需要处理大量的订单，其订单处理流程如下。

◆用户在电商网站上浏览商品，将商品添加到购物车中。

◆电商网站实时监控用户操作，并进行库存检查，若发现库存不足，则提示用户缺货。

◆用户在购物车中确认购买信息，并提交订单。

◆电商网站接收到订单信息后，在后台进行订单确认，并安排拣货、打包。

◆电商网站向物流公司发送配送指令，安排货物配送。

◆物流公司接收到配送指令后，进行货物配送。

◆用户收到货物后，可以在电商网站上进行评价和做出反馈。

针对上述订单处理流程，可以将其转化为业务事件驱动模型，具体如下。

事件1：用户将商品添加到购物车中

触发器：用户在电商网站上添加商品到购物车。

处理流程：电商网站将该事件记录到事件数据库中，并更新购物车状态。同时，根据用户喜好提示其他可供选择的商品信息。

事件2：用户提交订单

触发器：用户在购物车中确认购买信息，并提交订单。

处理流程：电商网站接收到订单信息后，进行订单确认，并安排订单执行与库存更新。同时，将该事件记录到事件数据库中。

事件3：物流公司接收到配送指令

触发器：电商网站向物流公司发送配送指令。

处理流程：物流公司接收到配送指令后，进行配货指令锁定，并安排货物的配送，并将该事件记录到事件数据库中。

事件4：用户收到货物

触发器：物流公司将货物配送到用户手中。

处理流程：用户可以通过网络渠道在电商网站上进行评价和做出反馈，电商网站将用户是否进行评价以及评价内容进行记录，并将该事件记录到事件数据库中。

通过对上述案例的分析,可以发现业务事件驱动模型具有以下优点。

(1)以事件为核心。整个业务过程围绕事件进行展开,每个事件都是业务过程中的一个重要环节,通过对事件的响应和处理来驱动整个业务过程。

(2)流程灵活。业务事件驱动模型可以灵活地定义事件和处理流程,并根据实际业务需求进行调整和优化。

(3)自动化程度高。通过对事件的记录和处理,可以实现自动化处理和监控,提高了工作效率和准确性。

(4)可追溯性。通过对事件的记录和查询,可以实现对业务过程的可追溯性,方便进行故障排查和责任追究。

在实际应用中,业务事件驱动模型可被应用于各种业务领域中,如电商、金融、制造业等。通过将业务过程转化为事件驱动的流程,可以提高业务的自动化程度、灵活性和可追溯性,从而提高业务效率和准确性。同时,业务事件驱动模型还可与其他的建模方法相结合,如流程图、UML等,以更好地描述和优化业务过程。

一体化数据模型

在业财融合之下的一体化数据模型,是一种将业务数据和财务数据进行整合和贯通的数据模型。目标是优化数据的采集、存储、分析和利用，通过将业务事件作为驱动，实现业务数据和财务数据的实时交互与共享，提高企业运营效率和经济效益。

一体化数据模型的特点，在于其将业务数据和财务数据进行整合和贯通，将不同领域的数据整合到一个统一的框架中，打破了传统的"数据孤岛"现象，实现了数据的有效共享和利用，以及不同部门之间的协同工作。同时，一体化数据模型还具有以下几个特点。

（1）统一的数据模型。一体化数据模型采用统一的数据模型，对业务数据和财务数据进行建模和定义，保证了数据的规范性和一致性。

（2）实时的数据交互。一体化数据模型可以实现业务数据和财务数据的实时交互与共享，保证数据的实时性和准确性。

（3）灵活的数据处理。一体化数据模型可以根据业务需求进行灵活的数据处理和分析，以满足不同部门和不同层级的业务需求。

（4）可扩展的数据模型。一体化数据模型可以根据企业业务的变化和发展进行扩展与调整，保证数据模型的灵活性和可维护性。

（5）数据的统一视图。一体化数据模型将来自不同部门的数据整合在一起，为企业提供一个全面的视图，帮助管理层更好地理解业务状况。

在业财融合之下，一体化数据模型的应用可以给企业经营管理带来多方面的优势，有利于发现新的商业机会和增长点，提升企业的竞争力。一体化数据模型的组成部分并非固定不变，企业可根据实际情况具体确定，但有四个关键部分是必须包含的（见图10-2）。一般企业只要包含这四个关键部分，就基本可以充分利用一体化数据模型来实现更好的财务控制和经营决策。

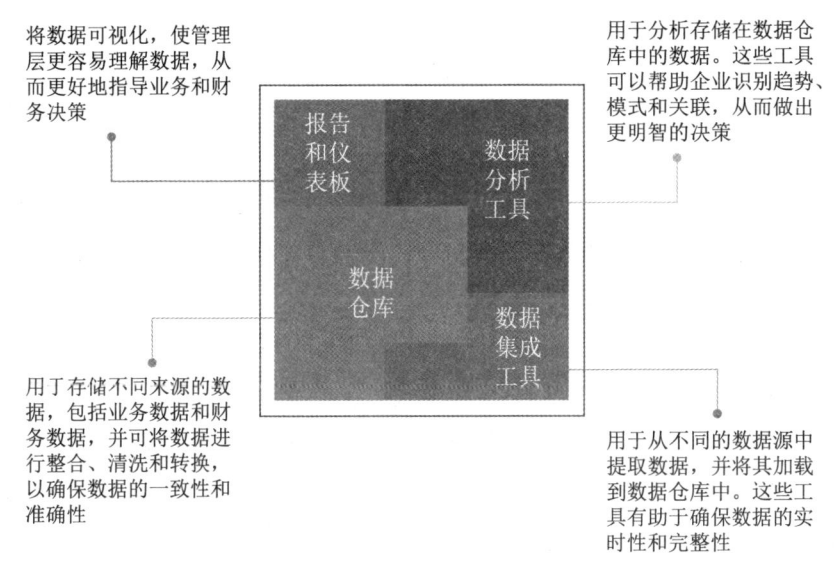

图10-2 一体化数据模型的关键组成部分

图中标注：
- 将数据可视化，使管理层更容易理解数据，从而更好地指导业务和财务决策（报告和仪表板）
- 用于分析存储在数据仓库中的数据。这些工具可以帮助企业识别趋势、模式和关联，从而做出更明智的决策（数据分析工具）
- 用于存储不同来源的数据，包括业务数据和财务数据，并可将数据进行整合、清洗和转换，以确保数据的一致性和准确性（数据仓库）
- 用于从不同的数据源中提取数据，并将其加载到数据仓库中。这些工具有助于确保数据的实时性和完整性（数据集成工具）

某大型零售企业是一家拥有多种业态的零售集团，包括超市、便利店等。随着业务的快速发展，该企业面临着业务数据和财务数据不贯通的严重问题，导致业务部门和财务部门之间的信息不对称，严重影响企业的决策效率和经济效益。为了解决这个问题，该集团决定采用一体化数据模型以整合和贯通业务数据与财务数据。一体化数据模型分为以下三个步骤。

步骤1．数据模型设计

首先，对集团内部的业务数据和财务数据进行全面梳理，确定了需要整合的数据字段和数据来源。其次，采用统一的数据模型对业务数据和财务数据进行建模和定义，保证了数据的规范性和一致性。

在数据模型中，该集团将业务事件作为驱动，为每种业务事件定义了相应的数据结构和处理流程。例如，当一个顾客在商场购物时，业务事件"顾客购物"会被触发，数据模型会自动采集该顾客的购物信息，包括购买的商品、数量、价格等，并将其存储到相应的数据库中。同时，数据模型还会将该业务事件的相关信息传递给财务系统，触发相应的财务处理流程。

步骤2：数据处理与分析

在一体化数据模型中，数据处理与分析是非常重要的环节。该集团根据业务需求定义了多种数据处理和分析流程，包括销售数据分析、库存管理分析、顾客行为分析等。

以销售数据分析为例，该集团通过一体化数据模型可以获取每个商品的销售数据，包括销售量、销售额、销售时间等。并且，通过对这些数据的分析，可以发现销售规律和趋势，为企业制定更加精准的营销策略提供依据。

此外，一体化数据模型可以帮助集团内部实现业务数据和财务数据的实时交互与共享。例如，当业务部门更新商品信息时，一体化数据模型会自动将更新后的数据传递给财务系统，确保业务数据和财务数据的一致性。

步骤3：数据应用与优化

通过一体化数据模型的应用，该企业实现了业务数据和财务数据的整合和贯通，提高了企业运营效率和经济效益。具体表现在以下三个方面。

（1）提高决策效率。一体化数据模型为企业管理层提供实时、准确的数据支持，帮助其做出更加科学合理的决策。例如，集团管理层可以通过一体化数据模型了解各门店的销售情况、库存情况等，从而制定更加精准的营销策略和库存管理策略。

（2）增强跨部门协作。一体化数据模型打破了业务部门和财务部门之间的信息壁垒，增强了跨部门协作的效率。例如，业务部门可以通过一体化数据模型获取财务部门的相关数据，了解集团的整体财务状况和经营情况，从而制订更加合理的业务计划。

（3）提升经济效益。一体化数据模型可以帮助企业优化业务流程、降低运营成本和提高经济效益。例如，通过一体化数据模型的应用，该集团可以更加精准地控制库存成本、降低库存滞销风险并提高库存周转率。此外，一体化数据模型还可以帮助集团优化人员配置、降低人力成本并提高工作效率。

通过一体化数据模型的应用，该零售集团成功地整合了业务数据和财务数据，提高了集团运营效率和经济效益。该案例充分证明了一体化数据模型在业财融合中的重要性和有效性。

未来，随着企业业务的不断发展和数字化转型的深入推进，一体化数据模型将在更多的领域得到应用和推广；同时，也需要不断完善和优化一体化数据模型的功能和性能，以便更好地满足企业的业务需求和发展需要。

数据授权模型

数据授权模型，是一种对数据进行访问控制和权限管理的模型，通过定义数据资源的访问权限和操作许可，控制用户对数据资源的访问和操作，在数据安全、隐私保护和合规性方面发挥着关键作用。

数据授权模型不是常规意义上的工具类模型，而是一个框架或系统，用于定义、管理和执行数据访问权限。它确定了谁有权访问数据、何时访问数据以及以何种方式访问数据。这个模型是数据安全的重要组成部分，可以帮助企业确保敏感数据不会被未经授权的人或实体访问。因此，数据授权模型有以下四项关键作用。

（1）权限管理。允许企业定义和管理哪些用户或角色可以访问哪些数据。

（2）审计跟踪。记录数据访问的详细信息，以便追踪数据的使用情况。

（3）数据保护。确保敏感数据只被有访问权限的人员访问，从而提高了数据的保护水平。

（4）合规性。确保数据访问满足法规和法律要求，降低法律风险。

在数据授权模型中，数据资源是系统的核心，包括系统功能资源、实体资源等。其中，系统功能资源包括系统菜单、页面、按钮、代码方法等；实体资源包括商品信息、订单信息等。这些资源都受到权限的控制，用户需要根据自身的角色和权限来访问和操作数据资源。

数据授权模型主要涉及三个关键元素：主体、资源和权限。其中，主体是指访问数据资源的用户或程序；资源是指被访问的数据内容或功能；权限是指对资源的操作许可。

数据授权模型的核心是对权限的管理。在该模型中，权限被定义为对资源的操作集合，包括查询、添加、删除、修改等操作。通过对权限的分配和控制，可以实现对数据资源的精细化管理，确保数据的安全性和完整性。

在不同行业和领域中，数据授权模型都发挥着关键作用，对于维护数据的完整性和安全性至关重要。例如：

在企业管理系统中，可以通过定义不同角色的权限，来控制用户对不同功能模块和数据的访问权限。

在电子商务平台上，可以通过定义不同用户的购物车权限，来控制用户对商品信息的查看和购买操作。

在医疗保健行业，医院可以使用数据授权模型确保只有被授权的医生和护士可以访问病人的病历信息，有助于维护患者的隐私，并确保医疗数据不被滥用。

金融机构需要处理大量敏感数据，如客户账户信息和财务交易记录。通过数据授权模型，银行可以控制哪些员工具有权限访问特定客户的账户信息，有助于确保客户数据的安全性。

社交媒体平台需要管理数以亿计的用户数据。数据授权模型允许这些平台根据用户的隐私设置和授权，决定谁可以查看用户的帖子、照片和其他信息，有助于维护用户的隐私权。

总的来说，数据授权模型是一种对数据进行访问控制和权限管理的模型，是数据管理的关键组成部分。通过对权限的控制和管理，允许企业精确控制数据访问权限，实现了对数据资源的精细化管理，降低了潜在风险，同时确保数据的合法和合规使用。

数据共享与访问控制模型

数据共享与访问控制模型是信息安全领域中的一个重要主题，涉及如何有效地共享数据，并确保只有授权用户才能够访问这些数据。

数据共享与访问控制模型通过定义和实施访问控制策略，确保只有经过授权的用户才可以访问和共享数据，从而保护数据的机密性和完整性。在这个过程中，企业需要决定谁可以访问他们的数据，以及在什么条件下可以访问。关键的基本概念包括以下几项。

◆数据拥有者（Data Owner）。决定数据的共享和访问策略。

◆主体（Subject）。试图访问数据的用户、程序或实体。

◆客体（Object）。需要被访问的数据或资源。

◆权限（Permission）。定义了主体可以执行的操作，如读、写、删除等。

◆策略（Policy）。规定了如何分配权限，以及哪些主体可以访问哪些客体。

在数据共享与访问控制模型中，访问控制策略是核心，它定义了哪些用户可以访问和操作数据，以及他们可以进行的操作类型。常见的访问控制策略包括以下几项。

（1）自主访问控制（DAC）。用户有权对自身所创建的访问对象（文件、数据表等）进行访问，并可将对这些对象的访问权授予其他用户和已授予权限的用户收回其访问权限。这种策略的优点是灵活性较高；缺点是主体的权限过大，无意间就可能泄露信息。

（2）强制访问控制（MAC）。这种策略是一种基于安全级别的模型，通常用于军事和政府环境中。在MAC中，数据拥有者为每个主体和客体分配一个安全级别，只有在满足一定的安全级别要求时才允许访问。这种策略的优点是安全性高；缺点是限制性太高，难以应用于商业领域。

（3）基于角色的访问控制（RBAC）。这种策略是将权限与角色关联，而不是与个体用户关联。用户被赋予特定的一个或多个角色，每个角色与权限相关联，用户只能执行其角色允许的操作。这种策略的优点是简化了管理，特别适用于组织结构稳定的环境；缺点是角色的定义过于笼统，无法涵盖所有的用户需求。

（4）基于任务的访问控制（TBAC）。这种策略是以任务为中心，用户只能执行其任务需要的操作。这种策略的优点是能够根据任务的需求灵活地调整权限；缺点是任务的定义和划分可能比较困难。

（5）基于任务和角色的访问控制（T-RBAC）。这种策略结合了RBAC和TBAC的特点，通过利用任务和角色的关联关系来控制用户的权限。这种策略的优点是既可以实现角色的批量管理，又可以实现任务的灵活调整；缺点是需要复杂的设置和管理过程。

除了以上策略，数据共享与访问控制模型还支持基于客体的访问控制（OBAC），根据客体的属性定义和控制访问权限。例如，某些文件或数据表只允许特定用户或角色访问。也支持基于属性的访问控制（ABAC），访问决策依赖于属性之间的规则和关系，属性包括用户属性、环境属性和资源属性。例如，在云计算环境中，ABAC根据用户的位置、设备、时间等属性控制其对云资源的访问。

在实际应用中，数据共享与访问控制模型可以应用于各种场景。下面，通过两个实际案例可以更深入地理解数据共享与访问控制模型的应用。

案例1：电子医疗记录访问控制

在医疗领域，电子医疗记录（EMR）包含了患者的敏感信息。使用访问控制模型可以确保只有经过授权的医生和医护人员才能够查看和修改这些记录。具体来说，可以采用 RBAC 模型，医生、护士和管理员分别被分配不同的角色，每个角色有不同的权限。只有授权的医生才可以访问患者的病历信息，而其他人则无权访问。

案例 2：云存储数据共享

在云存储服务中，用户需要分享文件和数据，但也需要确保数据的安全。可以通过 DAC 模型实现，用户拥有自己的文件和数据，可以选择与谁共享，以及共享什么权限。例如，一家企业使用云存储服务来共享项目文档，项目经理可以将文档分享给特定的团队成员，并授予他们适当的权限，如对文档进行查看或编辑。

总之，数据共享与访问控制模型通过实施有效的访问控制策略，可以确保数据的机密性和完整性，防止未经授权的访问和泄露。同时，数据共享与访问控制模型还可以结合其他安全措施，如加密、审计等，提供更全面的数据安全保障。

实时控制与监管模型

实时控制与监管模型是一种高效、精准的管理工具，广泛应用于各个领域的企业。该模型的核心原理是采用先进的传感技术和数据分析工具，以获得实时的、精确的信息，这些信息可以用于监测和控制不同的过程和活动。

实时控制与监管模型通过一系列结合控制与监管技术的运用，实现对企业运营系统的实时预测和维护，提高了运营效率和安全性。其作用体现在以下六个方面。

（1）监测与预警。主要作用是对企业运营系统的运行状态进行实时监测，以便及时发现异常情况并进行预警。预警信息可以帮助相关人员迅速做出反应，避免事故的发生或降低事故损失。同时，通过分析历史数据和运行规律，可以建立预警模型，对异常数据进行实时分析和预警。

（2）自动控制。根据预设的指令和参数，对企业运营系统进行自动调节和控制，实现自动化运营和管理。自动控制在提高生产效率和质量的同时，还可以降低人工操作成本和误差。同时，自动控制还可以根据实时数据和运行情况，进行自我学习和调整，提高控制精度和适应性。

（3）权限管理。需要建立用户和角色管理机制，为每个用户分配相应的角色和权限。通过对用户和角色进行授权和管理，确保只有经过授权的用户才能访问和操作相应的系统或设备。由此可以有效防止未经授权的访问和操作，保障系统的安全性和稳定性。同时，需要对企业运营系统的操作流程和访问控制进行详细规划和设计，确保每个用户只能在授权范围内进行操作和访问。

（4）数据采集与存储。通过对企业运营系统的各项数据进行实时采集和存储，为后续的数据分析和处理提供基础数据支持。同时，需要建立完善的数据存储机制，确保数据的完整性和可追溯性，包括对数据的格式、存储位置、备份策略等进行详细规划和设计。

（5）数据分析与处理。通过对采集到的数据进行实时分析和处理，提取出有价值的信息和知识，为决策提供支持和参考。需要借助各种算法和工具进行实现，如统计方法、数据挖掘等。通过对数据的深入分析和处理，可以发现隐藏在数据中的规律和趋势，为预测和维护提供重要依据。同时，通过对数据的可视化展示，可以帮助相关人员更好地理解和掌握系统的运行状态。

（6）故障诊断与修复。通过对企业运营系统进行实时监测和数据分析，可以及时发现并诊断故障原因，采取相应的修复措施，避免事故的发生或降低事故损失。同时，通过对故障数据的分析和总结，可以帮助企业更好地掌握系统运营的性能和使用状况，为后续的改进和优化提供支持。

实时监控在金融领域的应用非常广泛。银行使用实时监控来检测欺诈交易，保险公司使用它来评估索赔，股票市场使用它来监测股价波动。例如，Visa和Mastercard利用实时监控检测信用卡欺诈，它们的系统可以在交易进行时，分析数百个参数，以确定其是否存在风险。

制造业也受益于实时监控。工厂可以使用传感器来监测设备的运行状况，以预防故障。此外，通过实时监控生产线，可以优化生产效率。例如，汽车制造商使用实时监控来跟踪每个组件的制造进度，以确保生产线的高效运行。

政府部门可以使用实时监控来监测环境、交通、公共安全和市政服务。例如，城市交通管理部门可以使用实时监控来监测交通流量，以减少拥堵。环境保护部门可以使用实时监控来检测大气污染和水质，以确保环境质量。

实时控制与监管模型是一种强大的工具，可以应用于多个领域，以实现更高的效率、更好的安全性和更精准的决策制定。各个行业、各个企业都可以通过实时监控与监管模型的运营，迅速应对变化和解决问题。

实践篇

第十一章　数字环境下，业务、财务和管理的有机融合

发展新基建是企业在数字化环境下构筑数字经济的一种有效手段，企业应加大对财务领域数字基建的建设力度，加大在业务、财务和管理方面的融合力度。通过财务共享服务中心、业财管理体系、财务中台的"三步走"战略，构筑业财融合的新路径，助力打造数据驱动下的企业决策和运营管理的新格局。

将财务共享服务中最枯燥的工作机器人化

作为一种综合性的业财融合管理模式，财务共享服务以多种信息技术为基础，以财务智能化建设为根本，以业务流程化实施为核心，基于优化组织结构、提升服务质量、降低综合成本和减少风险代价为实施动机，结合数字化环境和市场化视角，向企业内部各类人员和外部所有客户提供专业化、标准化、智能化的生产式服务和分布式服务。

所谓财务共享服务（Financial Shared Service Center，简称FSSC），全称为财务共享服务中心，是近年来出现并流行起来的会计和报告业务管理

方式。该服务方式将企业分布于不同地区、地点的实体的会计业务拿到一个SSC（共享服务中心）来记账和报告，以保证会计记录和报告的规范严谨与结构统一。由于不需要在企业的每家公司和办事处都设置专职会计岗位，节省了系统和人工成本。

虽然财务共享服务受限于某些国家的法律规定，但仍是企业集中式管理模式在财务管理上的最新应用，其最终目的在于通过一种有效的运作模式，解决大型企业财务职能建设中的重复投入和效率低下的弊端。众多《财富》500强企业都已引入、建立"财务共享服务"运作模式。

财务共享服务的专业，又化分为战略财务与经营财务，使得财务职能更加具体明确。战略财务凭借其企业层面的控制和管理职能，参与制定企业层面的相关政策和战略规划，助力企业制定经营管理决策；经营财务则需团队参与具体的业务管理工作，参与实施企业战略的各级执行工作。

财务共享服务的标准化，体现为严格规范的企业财务管理行为，制定企业整体范围内统一的业务规范标准，以保障业务处理和财务管理的透明度与公正性。为增强客户满意度和提升业财运作效率，财务共享服务中心必须细化与优化相关流程，打造出标准化、模块化的业财双管流程，实现业务执行与财务数据的融合。

财务共享服务的智能化，是在信息技术和数字技术的双加持下，企业搭建专门的IT平台，并在此之上集成企业所有的财务制度、规范与流程，数据库负责对数据集成、制作、传输、存储，通过有效衔接业务层、管理层、核算层和决策层，助力企业提高业务与财务的运作效率，为自身和客户提供优质、便捷的业财融合服务。

业财融合的财务共享服务是现代企业财务管理拥抱"互联网+"和大数据技术的全新理念和模式,它解决了传统财务管理模式的痛点,从组织层面、系统层面、数据层面为业财融合奠定了基础(见图11-1)。

组织层面
财务共享实现了财务岗位的职能分离,采用扁平化管理方式,为建设业财融合的会计体系的组织结构奠定了基础

系统层面
财务共享系统是业财融合会计体系的有机组成部分

数据层面
财务共享服务将企业的会计核算工作集合到一个平台进行,全面打通了财务、业务和管理信息系统

01　　　　02　　　　03

图11-1　财务共享服务的三层特点

财务共享服务是利用互联网将财务管理的重心前移到业务环节,并在业务活动过程中建立财务数据中心,收集业务、财务和税务的全量数据,解决了在传统会计模式下会计数据在前、业务数据在后的弊端,保证了会计数据的实时性。

同时,新兴技术在财务共享服务中的应用,如财务机器人、发票智能采集、智能审单等,让财务共享中最关键的连接业务与财务信息成为现实,提升了会计数据获取的及时性和可用性,实现了业务活动过程的显性化和规范化。

正是因为新兴技术的不断出现与运用,企业财务管理可借助财务共享服务中心实现业财税一体化。在这个过程中,应该将财务共享服务中最枯燥的工作交给机器人,这样做既能显著地提高工作效率,减少错误率,还能让员工更好地专注于更具战略性和价值的任务。

在传统的财务共享服务中,许多工作是重复性的、高度枯燥的任务,如数据的归集、提取、分析、加工和流动等工作,如账务的报销处理、调整或发票处理等工作,都需要大量的时间和人力资源,同时容易受到人为错误的影响。员工不得不花费大量的时间在处理重复性工作上,而这些工作并没有充分发挥他们的技能和潜力。

引入机器人,如软件机器人,可以极大地改变这种局面。机器人可以迅速、准确地执行重复性任务,而且可以实现24/7的运行,无须休息。这将极大地提高工作效率,让员工从繁杂枯燥的工作中解脱出来,专注于需要更多人工智慧和判断力的工作,如财务分析、战略规划和客户互动等。

机器人自动化具有成本效益,虽然引入软件机器人和相关技术需要一定的初始投资,但从长期来看,机器人可以减少人力成本,提高生产力。财务共享服务部门可以实现更好的资源分配,将更多的资金用于发展和创新。

此外,机器人能提高数据准确性,降低潜在的错误成本。由于其具有高度程序化的性质,机器人在执行任务时很少犯错。有助于减少错误带来的潜在风险,提高财务报表和数据的可靠性,从而增强了企业的声誉和合规性。

然而,在财务共享服务中引入机器人自动化并不是没有挑战的。首先,需要适应新的技术和操作流程,需要对员工进行相关培训,以确保他们能够与机器人协同工作。其次,安全性和数据隐私问题需要得到妥善处理,以保护敏感财务信息。

尽管存在挑战,但财务共享服务的机器人自动化的潜力巨大。未来,随着技术的进一步发展，机器学习和人工智能的应用将进一步提高机器人的智能，使其能够处理更复杂的任务和决策支持，将进一步推动财务共享服务的效率和效益。

总之，将财务共享服务中最枯燥的工作交给机器人去做是一个明智的决策。这不仅提高了工作效率，减少了错误率，还释放了员工的潜力，让他们能够更好地专注于具有更高价值的任务。这种趋势将继续改善财务共享服务的运作，提高企业的竞争力，同时降低成本，是未来财务领域不可忽视的一部分。

基于组织、科目和管理构建三维数据集

在实际操作中，很多企业的财务体系同时存在财务合并报表与管理合并报表两套体系。财务合并报表以量化的财务数字分科目表示，反映企业的整体财务状况、经营成果和现金流量，需要定期编制，且需要严格执行相关规定。管理合并报表主要用于满足企业内部管理的需要，其形式、格式、编报周期均由各企业自行确定。

财务合并报表属于传统财务会计范畴，通常由财务部门单独负责编制；管理合并报表则属于业财融合的管理会计范畴，通常由管理部门和财务部门共同负责编制。

财务合并报表以凭证、账本、个别报表、合并报表四个部分构成完整的内容，数据清晰可查，规则标准统一，过程可追溯，结果已审计。管理合并报表是从管理控制及绩效评价的角度出发，更关注细节信息，如可展示单个产品、部门/员工或客户的财务信息等，可用于模拟不同经营方案的财务结果。

长期以来，因财务会计和管理会计支撑理论的独立性，以及实务操作中财务合并报表与管理合并报表分离的做法，使得企业管理者形成了"财务合并报表与管理合并报表"相互独立的错误认知，人为地对财务合并报表与管理合并报表进行切分，极大地限制了管理财务报表在企业经营中的价值发挥，也因此让企业的业财融合之路走得非常艰难。

导致这种错误认知在实际操作中不断加深的另一个直接原因是，管理合并报表与财务合并报表的数据差异化。因为财务合并报表在编制中规则严谨，且经过审计师的审计，数据质量更高，更具可信度。而管理合并报表是根据企业内部的管理需求编制的，且无须经过审计师审计，如果与财务合并报表数据相比，两者间的差异较大，其数据的准确性就会遭到质疑。

于是，企业面临着"岔路口"，一条是尊重数据的严谨度，坚持实施财务会计；另一条是符合时代的发展规律，走管理财务会计之路。前者放弃了业财融合的时代趋势，后者放弃了财务数据必须严谨的底线铁律。显然，两条路都不对，企业既不能因为财务合并报表的严谨性而轻易质疑管理合并报表的数据，也不能因为要实现业财融合就盲目无视建立在传统财务会计范畴的财务合并报表。

从理论上来看，财务会计和管理会计均服务于企业的经营和管理。财务会计是企业从提高经济效益的角度对已完成的资金活动进行全面核算、系统分析和过程监督的经济管理；管理会计是利用财务会计提供的财务资料和对资料进行分析、整理后形成的报告，通过一系列正确的方法对企业的经济活动进行规划和控制的经营管理。因此，管理合并报表相较于财务合并报表具有前瞻性、覆盖率和完整度三方面的优势（见图11-2）。这也是为什么越来越多的企业运用管理合并报表辅助进行企业管控和业绩评价的原因，更是企业进行业财融合的深层次原因。

图11-2 管理合并报表的优势

A：贯穿过去、现在和未来，更具有前瞻性

B：层次较高，可应用于不同的工作主体

C：观察更仔细，能够完整地反映企业内外部的经济运营情况

从实务上来看，无论是财务合并报表还是管理合并报表，其数据均应是企业的真实数据，数据结果不应存在重大差异。财务合并报表的编制需要基于对业务信息的了解，才能更准确地进行账务处理和信息披露。管理合并报表的编制在关注经营信息的同时，也应对收入、利润、回款等财务经营信息给予关注，才能更有的放矢地进行经营操作。但在实际操作中，因为人为因素将财务合并报表和管理合并报表分割开来，导致两者数据差异较大，由此也导致了以业财融合为基础的管理会计在企业内部的运用遇到阻碍。

企业管理者需要做的，是将财务合并报表的规范性、准确性和管理合并报表的业务性、指导性有机融合，以便更好地满足企业经营的实际需要。

当前，企业信息系统在技术上已经普遍采用多维架构，引入财务数据中台技术和内存计算技术，可支持对财务数据的业务化属性的分类和展现，为财务合并报表和管理合并报表的融合提供了技术支撑。

数据的多维架构改变了传统的、固化的二维报表的劣势，赋予财务数据更多的业务属性。基于信息系统的财务数据在被赋予管理属性后，既可以满足外部机构对企业财务数据的需要，也可以满足企业内部对经营分析数据的需要。鉴于此目的，企业必须构建多维度的数据基础，需要以组织、科目和管理为属性构建三维数据集。

以满足财务要求的科目体系和满足管理要求的核算体系，两者共同构成了以业财融合为基础的、基于责任主体构建的组织的管理会计体系的数据基础。具体做法分为以下三大流程。

（1）责任划分。在企业内部建立若干责任单位（如事业部、小组制、阿米巴等），并对这些责任单位分工负责的经济活动进行规划、核算、控制、考核与业绩评价。

（2）独立核算。从企业中分离出众多的独立核算单位和相对独立核算单位，实行独立核算，以确定业务的具体盈利点和亏损点。

（3）提取信息。最小核算单位形成的会计信息是海量的，需从海量繁杂的信息中提取有效信息。

管理会计体系的构建通常以科目为基础，通过对会计科目设置管理属性辅助核算，并从经营信息中提取有效信息，实现交叉互通的信息架构。

核算单位的设计要满足管理会计合并报表直接取数或分摊取数的需要。通常，最小报告单元为最小独立核算主体，当企业的最小独立核算主体为分公司，则最小报告单元为分公司；当企业的最小独立核算主体为阿米巴或事业部时，则最小报告单元为阿米巴或事业部。管理会计合并报表从最小报告单元的核算科目余额表中取数，通过设置好的取数规则自动生成，如将核算的现金、银行存款、应收款项、未归还借款及其他货币资金，取数至管理会计合并报表主表的"货币资金"科目。

企业的最小独立核算主体一般相对稳定，但最小报告单元的设置及取数规则可相对灵活，适用于经营中的特殊状况。某公司最高管理层要求在考核各利润中心（最小独立核算主体）利润指标的同时，还要考核各利润中心因"应收账款"回款不及时导致的资金占用情况，并计算出资金占用率与占用费用。该公司基于规定好的取数规则从各利润中心的《辅助核算科目余额表》中生成获取，并计算出归属于各利润中心的"应收账款"余额。此时会涉及"应收账款"的实际归属问题，并非所有"应收账款"都应归于应收企业或应收部门，在实际经营中往往会出现"应收账款"中的部分或全部因交易所致归属其他方的情况。在这种情况下，如果不能做到业财融合，即缺乏前端业务系统，则无法确定"应收账款"涉及的具体客户与发生交易的利润中心的归属关系。如果企业已经完备业财融合，则可通过前端业务系统中客户与利润中心的归属关系，确定"应收账款"的归属方。

此外，要构建管理会计体系下基于组织、科目和管理的三维数据集，不仅要从组织和科目的属性上对财务数据进行分类，还要赋予财务数据以管理的内涵，这也是管理会计体系下企业业财融合的最好体现。

这需要结合财务信息的披露要求和经营管理的实际需求，对不同的数据进行维度信息的设定。

以货币资金为例,这是企业经济活动和经营活动最常见的财务数据信息。企业通常会采用本位币和原币进行双币核算,现金分币种记录,银行存款分银行与账号记录,其他货币资金分银行分账号或分币种记录。通常,货币资金的科目数据需要满足货币资金附注（分币种、分科目）及披露要求,现金流量项目可通过项目原始代码自动归集。站在非管理的角度来看,这种传统的核算方式足够了,毕竟每一笔现金都有了标注。但若站在管理的角度来看,传统的核算方式既无法满足企业内部现金流量抵销的需求,也无法统计资金回款及资金去向,还无法以多维度（区域、产品线、事业部等）对资金回款和资金使用情况进行分析。

因此,管理会计体系会确定合并报表中需要哪些维度的货币资金数据,除现金流量项目外,还将增加其他的维度信息,如往来单位信息。利用往来单位信息,与企业关联方清单进行自动比对,满足后续现金流量合并抵销的需求；通过往来单位分析,确定资金的来源和去向；基于往来单位信息的进一步赋维,并根据多维度的前端数据信息对责任部门的现金流量项目进行更具体的标志,如基于不同关联方的现金流量项目、基于不同区域的现金流量项目、基于不同产品线的现金流量项目、基于不同阿米巴的现金流量项目、基于不同分公司的现金流量项目等。

通过本节的阐述,可以知道基于组织、科目和管理构建的三维数据集,就是对企业管理会计体系下的相关数据进行赋维,并利用多维属性开展数据分析,助力企业经营管理。

四步构建"业、财、管融合"的报表体系

在上一节的讲述中,我们知道了基于组织、科目和管理构建的三维数据集为实现会计合并报表与管理合并报表的合并打下了基础,同时也为企业实现真正的基于管理会计体系的业财融合提供了核心支柱。

基于管理会计体系的会计合并报表与管理合并报表的融合,不仅仅是两报表的数据融合,而是基础数据完备后,数据聚合的路径(合并架构)即合并规则的设计至关重要。关于这方面可分为以下两个方向。

(1)管理要求。即数据聚合的路径应根据企业的管理要求,设置管理合并架构或者财务合并架构。

在多架构下,管理合并与财务合并共享数据集底层数据,并按管理关系或合并关系生成多项管理报告或财务合并报告。

多向管理报告的主体比较多样,可以是小组、部门、事业部、阿米巴、产品线、分公司等多种维度,管理合并架构通常按管理隶属关系设置。

财务合并报告的主体一般是最小报告单元(最小独立核算主体),财务合并框架通常按控制关系或者股权关系设置。

无论管理合并架构或财务合并架构两者之间的差异如何,最小报告单元底层数据都需依赖于企业最小核算主体通过不同的维度组合取数生成。

（2）会计原则。企业应以"GAAP（通用会计准则）+管理调整"的方式兼容管理合并规划的灵活性和财务合并规划的严谨性。

管理合并规则须根据企业普遍遵守的管理规范和特有的管理特点设置，因各企业的环境和特点各异，所以给通用管理合并规则的设置增加了困难。而财务合并严格执行会计准则，合并流程严谨，并由内部/外部审计机构审计，数据准确性和可信度被广泛认可。鉴于上述特点，在具体的实务操作中，须参照会计准则设置通用管理合并规则，以内部管理调整审批流程设置个性化管理合并规则。

基于上述理念，企业可以尝试分四个步骤构建管理合并报表和财务合并报表融合的合并报表体系。

（1）按最小报告单元归集底层数据。通常情况下，企业的最小报告单元与核算主体一致，则最小报告单元直接按会计主体构建（若最小报告单元与核算主体不一致，则在合并前按实际需要将核算主体拆分）。

某零售集团的最小报告单元为门店，而最小核算主体为区域公司（地级市），即最小报告单元小于核算主体，该集团须将区域公司的核算数据以门店为基础，按规则进行拆分。因常规拆分是以"科目+成本中心+利润中心"等辅助核算自动归集，因此该零售集团对于损益类科目可通过利润中心核算到门店的，则可直接以"科目+门店"的方式归集；对于损益类科目不可通过利润中心核算到门店的，在同城市（地级市）各门店之间采用一定的规则进行分摊。

（2）赋予财务数据以管理属性。传统的财务报表主要是主表与附属相关附注信息表，主要体现财务数据维度，管理数据维度严重缺失，对于力求打造业财融合的企业而言，在财务会计中融合管理会计进行财务数据的扩张尤为重要。

某燃气公司在应收账款科目中增加了一系列项目状态：①完工—已通气—已点火；②完工—已通气—未点火；③完工—未通气—未点火；④未完工—未通气—未点火。每期期末，该公司可将应收账款余额关联到相关的安装项目，并按项目状态赋维。如此扩维之后，便于公司各级管理层按不同的项目状态查询应收账款的明细信息。

（3）将最小报告单元纳入财务合并架构。按照《企业会计准则第33号——合并财务报表》中的相关规定，以控股企业对下属企业的股权或者控制权来判断与确认财务合并主体的范围，并以底层数据合并范围自动聚合，形成汇总报表。

按合并准则完成长期股权投资与权益往来、内部交易、现金流量等相关信息的抵销处理后，形成最小报告单元报表（即最小报告单元剔除应抵销数据后的报表），再按核算主体架构聚合生成各层级财务合并报表。

（4）将最小报告单元纳入管理合并架构。根据企业内部经营管理的相关要求，应根据控股企业与下属企业的管理隶属关系来判断与确认管理合并主体的范围，并以底层数据合并范围自动聚合，形成汇总报表。

根据企业的经营管理特点对管理属性进行调整，以增强管理合并报告对企业的适应性。通常的管理调整有管理分摊、考核责任豁免等。

综上所述，企业合并报表（管理合并报表和财务合并报表）是业财融合理念下管理会计体系的最佳诠释。以管理属性为纬度，以财务数据为经度，既透视满足披露要求的所有财务数据，也透视管理分析所需，达到了透过财务看业务、透过业务看财务的目标。

一份财务报告推动业务目标顺利完成

在数字时代,企业需要构建能够将业务和财务有机结合的管理会计报告。其作用是有效融合数据分析平台、预算平台、ERP系统、业务系统、财务系统等多种数据来源,为企业提供多方面、多层次、多维度、多视角的管理分析和经营决策支持。因此,这样的报告必须上可辅助高层管理者决策,中可辅助中层管理者强化执行,下可辅助基层员工提高效率。即一份完整的管理会计报告体系必须是涵盖战略层、经营层、业务层的分层级的管理会计报告(见图11-3)。

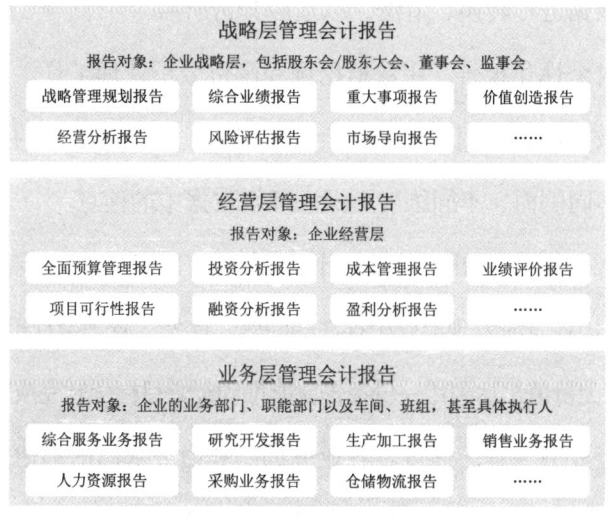

战略层管理会计报告			
报告对象:企业战略层,包括股东会/股东大会、董事会、监事会			
战略管理规划报告	综合业绩报告	重大事项报告	价值创造报告
经营分析报告	风险评估报告	市场导向报告	……

经营层管理会计报告			
报告对象:企业经营层			
全面预算管理报告	投资分析报告	成本管理报告	业绩评价报告
项目可行性报告	融资分析报告	盈利分析报告	……

业务层管理会计报告			
报告对象:企业的业务部门、职能部门以及车间、班组,甚至具体执行人			
综合服务业务报告	研究开发报告	生产加工报告	销售业务报告
人力资源报告	采购业务报告	仓储物流报告	……

图11-3 管理会计报告体系的构成

管理会计报告体系是面向企业全层面的企业级数据库及决策支持平台，可以帮助战略层更好地规划未来，帮助经营层统筹收入，平衡资源，实现经营计划的落地，帮助业务层提升效率，满足绩效考核标准。

管理会计报告必须基于基础数据进行深入的商业模式分析，以帮助决策者、管理者和执行者发现经营中的问题，提出有针对性的解决方案。鉴于这一点，企业在搭建管理会计报告体系时，必须做好以下三件事。

（1）建立分析指标库。管理会计报告会基于业务数据、财务数据、行业相关数据等实际数据与目标数据进行对比，此时就需以分析指标库为基础，以科学的方法建立起适应企业的报表分析体系。此外，须对所有指标进行分级，并为不同管理角色设置不同的查阅权限。

（2）建立数据仓库。由于数据源是分散的，所以需要通过数据集成工具将其整合起来存入数据仓库中，形成规范化的储存与分析维度，以便利用其全年分析企业的成本、运营、营销等数据。从数据仓库中抽取数据时，必须对数据进行转换、清洗，以适应分析所需。

（3）形成个性化报告。用数据挖掘和联机分析处理工具，将数据仓库内的高质量数据制作成用户所需的个性化报告，使不同层面的用户可以从不同角度、不同侧面、不同维度上深入理解数据中的信息。

通过以上阐述可以看出，管理会计报告体系有助于企业管理者更精细、多维度地分析，以便及时发现经营中存在的问题。此外，管理会计报告体系还将为企业带来三大价值，达到用一份报告就能推动经营目标顺利完成的效果。

（1）规范业务流程。通过与各业务部门和财务部门的沟通，讨论与制定有关分析指标、分析口径、指标更新以及存在的问题，企业可以有针对性地改善业务行为的规范性，消除业务流程对接中存在的问题，使业务流程更顺畅。

（2）改善数据质量。通过项目成果倒推前端业务系统的改进，使各业务部门和财务部门共同对目前的业务系统数据进行查漏补缺，建设统一的数据仓库，用以提升前端系统数据质量，为企业提供更全面、更准确的分析数据。

（3）提升管理效率。通过指标预警、分层邮件等方式，企业管理层能够层层向下钻取，快速获取经过分析体系梳理的有关企业经营的关键数据，及时发现和解决管理中存在的问题。

基于管理会计报告体系，企业的管理人员、业务人员、财务人员都能随时看到全面的、真实的经营数据与预实对比，及时收到"预警"以发现问题，并能有的放矢地解决问题，推动经营目标顺利完成。

A集团是一家房地产开发企业，近年来收益率持续在40%以上，现金流、资金负债率等指标均保持在行业较高水平，显示了这家企业在经营决策、业务管控、业务运营方面的能力。这一切都离不开以业财融合为基础建立起来的"企业运营监控系统"（见图11-4）。

拿地	招标	施工	开盘	竣工	交房	清算
历史			外部			未来
营销	客户	运营	HR	全局管理"驾驶舱"
会员及客户	成本	奖金	投融资	
流动盈利预测分析平台				

图11-4　A集团的"企业运营监控系统"

通过图 11-4 可以看出，该系统从业务到财务、从内部到外部、从历史到未来，对该企业的运营数据进行了全面监控，覆盖营销分析、运营分析、成本分析、HR 分析等八个主题模块。全局管理"驾驶舱"包括业务指标和财务指标两方面的数据，滚动盈利预测分析平台展现各项目全生命周期中多维度的盈利预测分析数据。

总之，管理会计体系一方面可以利用可视化工具进行直观展示，实现动态监控；另一方面，可以从不同维度随时跟踪、查询预算的执行情况，掌握运营动态，实行预警机制。

财务中台：业财融合转型升级的载体

当前，在信息技术的推动下，随着业务数据中台等创新理念的引入和运用，财务数据也将实现中台化。这一概念成了财务领域的一种创新解决方案，旨在实现业务和财务的深度融合。

财务中台，是指将财务职能从传统的后台服务变成业务的前台驱动力，在业务与财务的深度融合中提高决策的质量和效率。财务中台涵盖了财务业务流程的数字化、自动化和智能化，以及数据的整合和分析。因此，财务中台不仅仅是一种技术工具，更是一种管理哲学，它强调财务在企业中的战略地位，以及财务在业务中的积极参与。

财务中台实现了业务决策和财务决策的一体化，帮助企业更好地理解业务运营，预测未来趋势，优化资源配置，提高绩效。财务中台的建立和运营依赖于大数据和智能技术的支持，能够帮助企业更好地收集、整合和分析数据。财务中台可以提高财务流程的效率和准确性，降低运营成本。通过自动化和标准化财务流程，企业可以更好地控制成本，提高盈利能力。通过财务中台，企业还可以更快速地适应市场变化，更灵活地应对竞争。

业财融合涉及的数据，要么是企业经营管理过程中产生的，要么是基于外部市场以及竞争对手情况判断出的，总体涉及的数据比实际产生的数据要少很多。但业财融合对数据逻辑的校验要求更高，大量数据信息相互交互。因此，企业必须围绕业财融合流程管理建立配套的信息基础设施，并在其中对数据进行加工处理，将其转化为企业的重要资产，正是在这种情况下产生了财务业务中台和财务数据中台，两者合力对业财融合过程中流通共享的数据进行分析和应用。但两者并不能组成完全的财务中台，因为在分析和应用共享数据时需要涉及相关技术，因此就出现了财务技术中台。只有将财务业务中台、财务数据中台和财务技术中台三者合一，才能得到完整的财务中台，也才能实现财务中台应起到的作用。

1. 财务业务中台

财务业务中台（Financial Business Center）是财务管理的中心平台，旨在集成和协调各种财务业务流程、规程和功能。通常涵盖会计、财务报告、采购、支付、资金管理、成本控制等领域。财务业务中台的主要目标是提高财务流程的效率、准确性和可追溯性，同时支持决策制定过程。

财务业务中台支持管理人员对业务、财务进行统一管控，对业财融合流程进行集约化处理，打造出标准化的共性流程。

2. 财务数据中台

财务数据中台（Financial Data Center）侧重于数据管理和数据集成，旨在统一和标准化组织内部的财务数据。它可以集成来自不同系统和来源的财务数据，确保数据质量、一致性和可用性。财务数据中台通常包括数据仓库、数据湖、ETL（提取、转换、加载）流程和数据治理策略，以便为报告、分析和决策提供准确的财务数据。

企业在经营过程中，会产生大量数据，这些数据具有复用性，允许相关人员根据需要重复调用，因此，数据的计算与使用必须通过数据中台来完成。

3. 财务技术中台

财务技术中台（Financial Technology Center）强调技术基础设施和工具，用于支持财务业务的数字化转型。包括财务软件、应用程序、云计算、大数据分析、人工智能和自动化流程等技术资源。财务技术中台的目标是提高财务部门的效率、创新能力和决策支持，通过采用现代技术解决方案来推动财务流程的改进。

目前，企业的财务技术中台建设通常使用微服务架构，辅之低代码开发的方式完成。企业在建设财务技术中台时，既要与企业所处的IT环境相契合，也要做到功能完善，各项功能衔接有序。

这三个中台通常在企业中协同工作，以实现更高效的财务管理、更好的数据治理和更强大的技术支持。在实践中，不是必须创建一个独立的财务中台，而是要促使各类数据高效流通，对业务需求做出快速响应，为决策提供强力支持。因此，财务中台不是一个简单的平台系统，而是集成了先进理念与实践方法，对企业的业财融合产生积极的推动作用。

第十二章　多业协同确保净利实现

多业协同是企业通过协调不同业务部门之间的关系，实现资源共享和优化配置，从而提高整体盈利能力。在实现多业协同的过程中，企业需要关注净利目标的实现路径，以保证企业实现预期净利率；搭建有效的应收保底模型，以保障企业最低利润目标的实现；做好盈亏平衡预测，找准企业的最佳盈利点；同时，要选择正确的工具，对未来净利目标的正确的预测。

净利目标实现路径分析

实现净利目标对于任何企业来说都是至关重要的，它直接关系到企业的长期生存和成功。净利润是企业在扣除所有成本和费用后所获得的盈利，它为企业提供了资本用于投资和发展，因此它的实现路径至关重要。

在多业协同下实现净利目标，需要从业务、财务、管理、技术等多方面进行精细化运营和协同管理，而这些协同管理也正是业财融合所强调的内容。以下以 A 集团公司为例，探讨实现净利目标的路径。

A集团公司是一家多元化产业集团，涉足商贸流通、环保能源、电子信息等多个领域。近年来，随着市场竞争的加剧和经济环境的变化，A集团公司的业务面临较大的挑战。为实现净利目标，该公司决定开启以业财融合为基础的、多业协同为核心的强效改革。

1. 业财协同整合

A集团公司在商贸流通领域拥有较强的品牌影响力和市场渠道优势。为实现盈利目标，首先对商贸流通业务进行协同整合。具体措施包括下面几点。

◆优化采购渠道。通过集中采购、联合采购等方式，降低采购成本。并通过制度设定，让财务部门深度参与到采购环节中，为采购部门提出可以节约成本的合理化建议。

◆整合销售渠道。将各业务板块的销售渠道进行整合，提高销售效率。同样通过制度设定，让财务部门与营销部门一起打通销售渠道。

◆强化品牌建设。通过品牌推广和营销策略优化，提升品牌知名度和美誉度。另外，要求营销人员必须掌握财务管理的知识，同时运用品牌架构、营销、财务等综合能力进行品牌建设。

2. 管理协同优化

在管理方面，A集团公司通过优化组织架构、完善管理制度等措施，促进各业务板块之间的协同管理，提升了整体运营效率。具体措施包括下面几点：

◆优化组织架构。将各业务板块的组织架构进行优化，减少管理层级，提高管理效率。

◆完善管理制度。制定统一的财务管理、人力资源管理等制度，确保各业务板块之间的管理协同。

◆强化内部沟通。通过召开内部会议、搭建信息化平台等方式，加强各业务板块之间的沟通与协作。

3. 技术协同创新

在技术方面，A集团公司通过技术创新和引进，推动各业务板块之间的技术协同发展。产品和服务不断升级换代，市场竞争力显著提高，为实现净利目标提供了有力支撑。具体措施包括下面几点。

◆建立研发团队。在各业务板块设立研发部门，负责新产品研发和技术创新。

◆引进先进技术。积极引进国内外先进技术，提升各业务板块的技术水平。

◆推动技术交流与合作。鼓励各业务板块之间进行技术交流与合作，实现技术资源共享。

A集团公司在实现商贸流通业务的协同整合过程中，不仅降低了采购成本和销售成本，还提高了销售效率。同时，通过品牌建设和营销策略优化，提升了品牌知名度和美誉度。这些措施有力地推动了商贸流通业务的发展，为公司实现净利目标做出了重要贡献。

通过以上分析可以得出结论：在多业协同下实现净利目标，必须以业财融合为基础，进行多方面的精细化运营与协同管理。其中，业财协同整合是实现净利目标的核心，管理协同优化可以提高整体运营效率，技术协同创新可以推动产品和服务的升级换代。

在保利前提下搭建应收保底模型

"在保利前提下搭建应收保底模型"是一个相当复杂的话题,需要综合考虑企业的利润目标、市场竞争和客户需求等因素。

在业务中,应收账款是一项关键的财务元素,而应收保底模型旨在建立一种能够应对不确定性的收款保底机制,以确保企业获得可预测的现金流(见图12-1)。

数据收集与分析
①收集历史销售数据和应收账款数据。
②分析客户的付款历史、信用风险和偿还能力

搭建应收保底模型
①基于保底策略,建立一个财务模型,用于估算每个交易的保底金额。
②措施应考虑未来的不确定性,如汇率波动、市场风险等

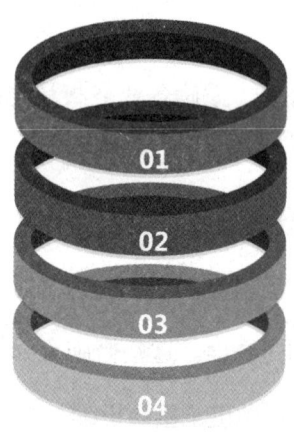

制定应收保底策略
①基于数据分析,确定保底策略的具体条件和规则。
②确定哪些客户或交易符合保底条件

监测和调整
①定期监测模型的效果,对模型参数进行调整。
②根据实际情况,优化保底策略和措施

图12-1 构建保利前提下应收保底模型的步骤

在保利前提下搭建应收保底模型,就势必会涉及业务数据与财务数据,因此,这项工作不是单独的财务部门和业务部门可以做到的。必须以业财融合的概念为根本,结合业务与财务的共同运作,让本该属于企业的

利益尽可能多地获取到。本节将提供一个详细案例分析，以说明应收保底模型的构建和实施。该案例的模型设计与图12-1中给出的步骤并不十分一致，这是实际操作中的常态，图12-1给出的步骤是常规性的，企业需要结合实际需求做出最合理的模型设计。

某制造企业主要生产高端机械设备，产品主要销往欧洲、北美等地区。该企业拥有一定的品牌影响力和市场渠道优势，但由于近年来市场竞争加剧，客户对产品的质量和售后服务的要求越来越高，企业的应收账款也逐渐增加，由此影响了企业的资金流动性和利润水平。因此，该企业决定在保利的前提下，搭建应收保底模型，加强应收账款的管理和控制。具体的应收保底模型设计如下。

第1步，分析应收账款现状。该企业先根据自身情况和市场环境，确定了当年的利润目标为1000万元。并通过对现有应收账款进行全面分析，发现存在以下问题。

（1）应收账款余额较大，且存在一定比例的呆坏账。

（2）客户信用状况不一，部分客户拖欠账款情况严重。

（3）催收机制不完善，催收效果不佳。

第2步，制定应收保底策略。针对以上问题，该企业制定了以下应收保底策略。

（1）建立客户信用评价体系，对不同信用等级的客户采取不同的销售策略和催收措施。

（2）加强应收账款催收管理，完善催收流程和奖惩机制。

（3）控制应收账款规模，降低呆坏账比例。

第3步，搭建应收保底模型。根据以上策略，该企业搭建了以下应收保底模型。

（1）设定最低利润目标。该企业将1000万元作为最低利润目标，即无论如何都要保证实现这个目标。

（2）确定销售策略。针对不同信用等级的客户，制定不同的销售策略：一是对信用良好的客户，适当放宽销售政策，提高销售量；二是，对信用一般的客户，严格执行销售政策，控制销售风险；三是对信用较差的客户，严格控制销售规模，甚至暂停合作。

（3）加强与客户的沟通与交流。及时掌握客户的经营状况和支付能力，和与本企业的合作态度，防范更多层面的潜在风险。

通过以上措施的实施，该企业创造出一个相对稳定和可持续性的盈利模式，不仅销售收入得到有效增长，还将坏账风险控制在可承受的范围内。

通过详细案例分析，了解到模型的构建过程和实施策略。通过谨慎分析、数据支持和不断的监测，企业可以成功地构建并实施应收保底模型，为其业务的稳健发展提供支持。

最后强调一点，应收保底模型中对于"人"的因素也不能忽视！因为说到底任何一种理论或者方法最终都要落实到具体的人来操作和执行，才能够发挥出最大效果！所以，在实施应收保底模型时，要组建一支具有业财两方面知识与能力的专业且高效的团队，专门从事这项工作。该团队的成员必须跟销售、采购、生产、财务、后勤、客服等部门紧密合作，以保证将应收保底模型真正落地。

多情形盈亏平衡测算

多情形盈亏平衡测算是一种决策分析方法,可以帮助企业了解在不同情况下达到盈亏平衡所需要的条件和参数。这种方法通常适用于企业面临多种市场环境、产品类型、生产规模等因素时,需要对企业进行全面的盈亏平衡分析,以确保企业决策的合理性和有效性。

既然是分析多情形状态下的盈亏平衡,就不能仅以财务数据进行测算,而要结合全局性的业务数据,需要业务部门参与进来,用业财融合思维进行全维度测算,才能真正做好这项工作。下面以一个制造企业的生产项目为例,进行多情形盈亏平衡测算的案例分析。

该制造企业计划推出一款新产品,该产品主要用于满足高端市场的需求,具有较高的附加值和利润空间。该企业计划在一年内将产品推向市场,并希望通过该产品的销售实现盈亏平衡。为了实现这一目标,该企业需要对不同情形下的盈亏平衡进行测算和分析,以制定合理的生产和销售策略。该企业为了更明确具体地进行多情形盈亏平衡测算,抽调了业务相关部门负责人,如研发部门、生产车间、销售部门、物流部门、售后部门等与财务部门的负责人,组成盈亏测算小组,共同完成此项任务。该测算小组由财务部门负责人负总责,但在测算过程中要兼顾其他成员的意见和其他部门的数据与报告，真正实现平衡策略。具体过程如下。

第1步，市场需求因素。该企业需要对高端市场的需求进行预测和分析，以便确定产品的生产规模和销售量。市场需求量的不同将直接影响到企业的生产成本和销售收入，进而影响到企业的盈亏平衡点。如果市场需求量较大，企业可以通过大规模生产来降低单位成本，提高生产效率，从而实现盈亏平衡；如果市场需求量较小，企业则需要通过高附加值的产品和精准的市场定位来提高销售收入，实现盈亏平衡。

第2步，产品成本因素。该企业需要对产品的研发、材料采购、生产制造、销售等环节进行全面的成本分析和控制。在不同的市场环境下，企业需要采取不同的成本控制策略来实现盈亏平衡。在市场需求量较大时，企业可以通过大规模生产来降低单位成本；在市场需求量较小时，企业则需要通过优化产品设计、提高生产工艺等方式来降低成本。

第3步，销售价格因素。该企业需要对不同市场环境下产品的定价进行全面的分析和研究。在不同的情况下，企业需要采取不同的定价策略来实现盈亏平衡。在市场竞争激烈时，企业可以通过提高产品的附加值和服务质量来提高售价；在市场竞争力较强时，企业则可以通过降低售价来扩大市场份额和提高销售量。

假设该制造企业计划生产1万台新产品推向市场，每台产品的成本为6万元（包括材料采购、生产制造、销售等环节的成本），并希望通过销售这些产品实现盈亏平衡。以下是不同情形下的盈亏平衡测算和分析。

（1）市场环境良好。假设市场需求量为1万台，每台产品的成本为6万元，市场同类产品售价约为每台10万元。在这种市场环境下，企业的盈亏平衡点为销售收入达到 6000 万元时可实现盈亏平衡。因此，企业应将产品的售价定在 10 万元每台，并控制好生产和销售的成本，即可实现盈亏平衡。

（2）市场环境一般。假设市场需求量为 8000 台，每台产品的成本为 6 万元，市场同类产品售价约为每台 9 万元。在这种市场环境下，企业的盈亏平衡点为销售收入达到 4800 万元时可实现盈亏平衡。因此，企业可以将产品的售价定在 8 万～9 万元每台之间，并适当控制生产和销售的成本，即可实现盈亏平衡。

（3）市场环境较差。假设市场需求量为 5000 台以下，每台产品的成本为 6 万元，市场同类产品售价为每台 8 万元以下。在这种市场环境下，企业的盈亏平衡点为销售收入达到 3000 万元时可实现盈亏平衡。因此，企业应将产品的售价定在 8 万元每台以下，并严格控制生产和销售的成本，才能实现盈亏平衡。

还有一种情形是非常困难的，上述盈亏平衡测算将不再适用。针对这种极端的情况，给出两点建议供大家参考：一是，在保证产品质量的前提下，对产品外观及包装进行创新设计，以吸引客户关注度，从而提升销量；二是，积极开展市场营销及推广活动，扩大产品的知名度和影响力，以增加客户群体数量！

多情形盈亏平衡测算可以帮助企业了解在不同情况下，达到盈亏平衡所需要的条件和参数。企业可以据此制定灵活的生产和销售策略，以适应不同的市场环境，实现企业的盈利目标。

移动平均工具的预测应用

移动平均工具是时间序列分析中常用的预测方法，基于历史数据的平均值来预测未来数据点的值。下面，将详细介绍移动平均工具在业财融合中的预测应用，并通过一个案例来演示它的使用方法。

移动平均工具假设时间序列的数据点之间是相互独立的，因此它不考虑数据点之间的相关性。移动平均工具的预测公式如下。

$$F_{t+1} = (1-\alpha) \times F_t + \alpha \times A_t。$$

其中，F_{t+1} 表示未来第 $t+1$ 个数据点的预测值；F_t 表示上一个数据点的预测值；A_t 表示第 t 个数据点的实际值；α 表示平滑系数。

平滑系数 α 是一个介于 0 和 1 之间的值，它决定了预测值对实际值的权重。当 α 较大时，预测值更接近于实际值；当 α 较小时，预测值更接近于上一个数据点的预测值。α 通常根据时间序列数据的具体情况来确定，例如，根据数据的波动性和趋势来确定。

在业财融合中，移动平均工具可以用于预测未来的销售收入、成本、库存等指标。下面介绍一个详细案例。

A 公司在经济转型期遭遇经营困境，为了拓展市场，研发出一款新产品，并在一番成功的推广后，正式向市场发布。经统计，该产品的销售收入在过去的10个月内呈上升趋势，A公司希望通过移动平均工具来预测未来两个月的销售收入。

首先，A公司收集了产品销售收入的月度数据，并计算出每个月的销售收入增长率。其次，A公司根据过去10个月的数据计算出移动平均值，并以此作为未来两个月的销售收入预测值。具体步骤如下。

第1步，将过去10个月的数据按照时间顺序排列，并计算出每个月的销售收入增长率。

第2步，根据增长率计算出每个月的预测销售收入，作为移动平均值的初始值。

第3步，将初始值作为未来两个月的销售收入预测值。

第4步，根据实际情况比较预测值与实际值的差异，并进行调整。

在这个案例中，移动平均工具帮助A公司预测了未来两个月的销售收入。通过计算移动平均值，A公司可以及时了解产品的销售情况，并以此为依据制订相应的销售策略和生产计划。同时，如果实际销售情况与预测值存在较大差异，A公司需要及时调整策略并重新进行预测。

移动平均工具是一种简单而实用的时间序列预测方法，它在业财融合中具有广泛的应用价值。通过使用移动平均工具进行预测，企业可以更好地了解业务情况，及时调整策略并实现利润目标。然而，需要注意的是，移动平均工具只是一种初步的预测方法，如果需要更精确的预测结果，还需要结合其他方法和模型进行分析和评估。

此外，再额外说明一下，企业还可以通过指数平滑工具进行预测。指数平滑工具是一种更为高级的时间序列预测方法，同样在业财融合中具有广泛的应用价值。相较于移动平均工具，指数平滑工具考虑了数据点之间的相关性，因此能够提供更准确的预测结果。

然而，需要注意的是，无论使用哪种预测方法，都需要结合实际情况进行具体分析。如果时间序列数据存在异常值或缺失值，或者数据的趋势和规律发生变化时，需要及时进行数据处理和模型修正。

第十三章　实现基于业务活动全过程的成本管控

业财融合可以帮助企业加强成本管理，提高成本效益。财务部门需要了解业务部门的成本结构和成本动因，制订有针对性的成本控制方案和管理措施。业务部门需要积极落实成本控制方案和管理措施，加强对业务活动成本的控制和管理。通过业财融合，企业可以提高成本效益，实现价值最大化。

在管理会计的基础上开展全面预算

预算是一种系统的方法，用来分配企业的财务、实物及人力等资源，以实现企业既定的战略目标。企业可以通过预算来监控战略目标的实施进度，有助于控制开支，并预测企业的现金流量与利润。

全面预算是一种将管理会计原则和方法与预算编制和执行相结合的管理工具，旨在帮助企业更好地规划和控制资源，提高决策质量，实现战略目标。全面预算作为综合性的预算系统，不仅包括财务预算，还包括非财务预算，如销售预算、生产预算、人力资源预算等。全面预算强调企业各部门之间的协作和信息共享，以便更好地规划和执行预算。

管理会计是一种将财务数据与非财务数据结合起来，用于支持管理决策的方法。管理会计强调内部管理的信息需求，注重长期规划和战略制定。因此，全面预算与管理会计二者之间有着天然的联系，二者可以协同工作以实现企业的绩效提升。

"凡事预则立，不预则废。"全面预算对现代企业的成熟与发展起着重大的推动作用，其重要性主要有以下四点。

（1）提高决策质量。全面预算提供了更全面的信息，帮助管理层更好地理解企业的运营状况，支持决策制定。通过整合财务和非财务信息，管理层可以做出更明智的决策，更好地把握市场机会。

（2）资源规划。全面预算强调资源的规划和分配，包括人力资源、资本预算和生产资源，有助于确保企业在战略实施中充分利用资源，提高效率。

（3）业绩评估。全面预算可以作为业绩评估的依据，帮助企业监测实际绩效与预算之间的差距，有助于及时调整战略和战术，确保企业朝着设定的目标前进。

（4）部门协作。全面预算要求各部门之间的信息共享与通力协作，有助于打破部门壁垒，提高整体企业绩效。

企业的每一位员工都应该懂得全面控制思想，作为管理人员、业务人员和财务人员更应该掌握这一多功能的管理控制工具，为企业的发展提供高效科学化的方法。为更好地理解全面预算的重要性，下面通过一个案例来说明其应用和优势。

A公司是一家制造业企业，为了应对行业竞争激烈和资源有限的挑战，决定开展全面预算以提高绩效。该公司首先制定了财务预算，包括资金流量、损益预算等。其次，开展了销售预算，预测了未来一年的销售额和市场份额。最后，进行了生产预算，规划了生产计划和原材料采购。同时，还开展了人力资源预算，以确保拥有足够的员工来支持生产计划。

在执行全面预算时，该公司发现销售部门的销售额远高于预算，但生产部门的产能不足以满足需求。于是立即采取行动，增加了生产线的产能，以适应销售的增长。此外，该公司还招聘了更多的员工，以满足生产需求。这些举措使公司能够充分利用市场机会，提高了业绩。

全面预算还帮助该公司更好地控制成本。通过财务预算，可以跟踪支出，确保不会超出预算。通过人力资源预算，可以合理规划员工的薪酬和福利，降低人力成本。

最终，A公司通过全面预算提高了销售额与生产效率，降低了成本，实现了业绩的显著提升。

全面预算通过业务、资金、信息、人才的全面整合，实现企业的资源合理配置，为企业的战略协同、数据分析、预算制定、经营现状与价值增长提供支持（见图13-1）。

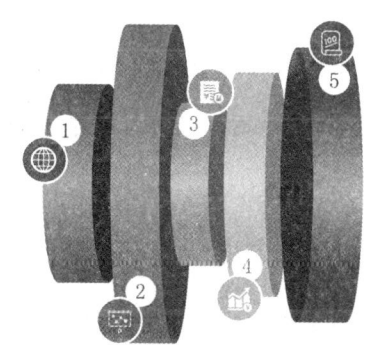

图13-1 全面预算的实施步骤

全面预算是一种强调综合性和协作的预算系统，它将管理会计原则和方法与预算编制和执行相结合。通过综合财务和非财务信息，全面预算帮助企业提高决策质量、资源规划和绩效评估，从而实现战略目标。

构建预算管理数字化体系

随着企业规模的扩大和业务范围的扩展，预算管理在企业运营中的重要性日益凸显。而在传统的预算模式中，财务人员通常要在预算编制、预算控制、预算调整、分析报告等工作中投入大量时间。尤其在数据分散存储的不同信息系统中，无法实现数据共享，导致很多数据得不到充分挖掘和利用。财务人员会因为数据不够全面而无法提取到最有价值的信息，导致预算编制不能做到科学、高效。

为了更好地应对市场竞争，提高企业运营效率，构建预算管理数字化体系已成为企业发展的必然趋势。预算管理数字化的核心作用是利用新一代的信息技术对传统预算管理体系进行改造升级，拓展优化预算管理维度，深化业务经营最小目标与预算管理体系的融合，从而形成科学、高效、强兼容性的数字化预算管理体系。

本节将详细论述构建预算管理数字化体系的主要内容，包括预算编制数字化、预算执行监控数字化、预算调整优化数字化、数据分析与报告数字化。

1. 预算编制数字化

预算编制数字化是企业构建预算管理数字化体系的第一步。通过引入先进的数字化工具，如预算软件、电子表格等，企业可以实现预算编制的自动化和智能化。此外，数字化预算编制还可以提高编制效率和准确性，减少人为错误和信息不对称带来的风险。在实现预算编制数字化时，企业需要采取以下措施。

（1）选择合适的数字化工具。根据企业实际情况，选择适合的预算编制软件或电子表格，确保工具具备强大的功能和易用性。

（2）制定预算编制规范。制定详细的预算编制规范和流程，明确各级部门和人员的职责与权限，确保预算编制工作的有序进行。

（3）培训与指导。对预算编制人员进行专业培训和指导，提高其使用数字化工具的能力和编制预算的水平。

2. 预算执行监控数字化

预算执行监控数字化是预算管理数字化体系的重要组成部分。通过实时监控预算执行情况，企业可以及时发现和解决预算执行过程中的问题，确保预算目标的实现。要实现预算执行监控数字化，企业需要采取以下措施。

（1）建立预算执行监控系统。利用大数据、云计算等技术，建立完善的预算执行监控系统，实现数据的实时采集、分析和报告。

（2）设定监控指标。根据企业实际情况，设定关键绩效指标（KPI），对预算执行情况进行全面评估。

（3）预警与干预。设置预警阈值和干预措施，当实际业务数据接近或超过预警阈值时，系统可以自动发出预警通知，并采取相应的干预措施。

3. 预算调整优化数字化

预算调整优化数字化是企业在面对市场变化或内部运营变化时，能够对原有预算方案进行适时调整和优化，以更好地适应企业实际情况。在实现预算调整优化数字化时，企业需要采取以下措施。

（1）建立预算调整优化机制。明确预算调整的触发条件、调整流程和审批程序等，确保预算调整工作的规范化和科学化。

（2）引入人工智能技术。利用人工智能技术对海量数据进行挖掘和分析，提供关于预算调整的建议和优化方案。

（3）系统自动化调整。在具备条件的情况下，通过系统自动触发预算调整流程，提高调整效率和准确性。

4. 数据分析与报告数字化

数据分析与报告数字化是预算管理数字化体系的另一重要环节。通过对预算执行数据进行分析和挖掘，为企业提供有关成本、收入、利润等方面的洞察，帮助企业做出更明智的决策。要实现数据分析与报告数字化，企业需要采取以下措施。

（1）建立数据分析平台。利用大数据分析工具和可视化技术，建立高效的数据分析平台，对企业内外数据源进行集成、清洗和整合。

（2）制订分析计划与指标体系。根据企业战略目标和实际需求，制订详细的数据分析计划与指标体系，包括财务指标和非财务指标。

（3）生成报告与决策支持。按照设定的分析周期和分析指标体系，自动生成各类报告和分析报表，为企业高层领导提供决策支持。同时，对异常数据进行深入挖掘和分析，找出潜在问题和改进空间。

企业要充分发挥数字化技术的创新优势，凭借数字技术推动预算管理模式的创新与升级，实现数字化与预算管理的巧妙融合。

用"T+3"滚动预算指导企业完成生产经营计划

在《管理会计应用指引第 201 号——滚动预算》中，给出了滚动预算的定义：滚动预算，是指企业根据上一期预算执行情况和新的预测结果，按既定的预算编制周期和滚动频率，对原有的预算方案进行调整和补充，逐期滚动，持续推进的预算编制方法。

其中，预算编制周期，是指每次预算编制所涵盖的时间跨度；滚动频率，是指调整和补充预算的时间间隔，一般以月度、季度、年度等为滚动频率。

滚动预算一般由中期滚动预算和短期滚动预算组成。中期滚动预算的预算编制周期通常为 3 年或 5 年，以年度作为预算滚动频率。短期滚动预算通常以 1 年为预算编制周期，以月度、季度作为预算滚动频率。

和年度预算相比，滚动预算具有提高预算准确性、克服预算盲目性、减少部门博弈三方面的优势。滚动预算在落地的过程中需要全员参与，需要充分考虑以后年度的状况，给预算编制留出一定的变化空间。因为，为了实现预算平衡的目的，滚动预算的假设基础必须尽量准确，且预算编制需要按照由远及近、由粗到细的顺序逐步展开。

虽然相对于年度预算，滚动预算具备明显的优势，但滚动预算在应用中存在资源消耗大的问题，滚动预测的每期都需要投入大量的一线人力来填写当期计划数据，滚动周期越短，人力投入越大。尽管资源消耗巨大，却仍然存在准确性不足的劣势，即便当期预测很准，但往后期会越差，财务部门后期要做很多补充性调整才能令数据合理化。正因为如此，滚动预算也需要迭代升级，我们推荐"T+3"滚动预算。

"T+3"滚动预算是传统滚动预算在数字化时代的创新与优化，融合了数据实时、数据批量加载、机器学习、知识图谱等新技术，极大地降低了滚动预算应用的难度。

"T+3"滚动预算是根据"近期准确性高，远期准确性低"的规律，将预测精力放在最近3个月上，由于其主动放弃3个月以上预测的精度，所以降低了滚动预测编制的复杂度。具体解释为："T+3"滚动预算基于企业的业务计划（订单计划、销售计划等）和业务预测（订单预测、销售预测等），形成涵盖"上月实际数＋后3个月精确滚动预测＋剩余时间粗略滚动预测"的预测结果（见图13-2）。

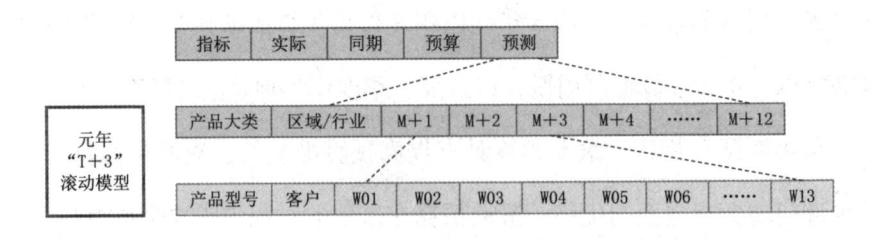

	指标	实际	同期	预算	预测			
元年"T+3"滚动模型	产品大类	区域/行业	M+1	M+2	M+3	M+4	……	M+12
	产品型号	客户	W01	W02	W03	W04	W05	W06	……	W13

图13-2 "T+3"滚动预算

"T+3"滚动模型的预测频率从季度滚动升级为月度滚动，预测粒度细化到与日常运营计划保持一致。

B公司的生产经营主要包括生产、销售等环节，所以进行滚动预算包括生产成本预测、销售成本预测、费用预测、损益预测等内容。B公司在编制年度预算后，会将年度预算目标分解到12个月中，再结合实际经营计划调整预算。

假设B公司采用传统滚动预算，则预算期始终保持12个月的时间跨度，预测难度很大，准确率也低。且每过一期就需要编制12个月的预算，既没有多少实际意义，又增加了不必要的工作量。因此，B公司选择"T+3"滚动预算，通过对动因量的调整实现预算的动态调整，每过1月就针对完成月份的实际完成值，重新调整未来月份的动因预算，并对全年预算进行调整（见图13-3）。

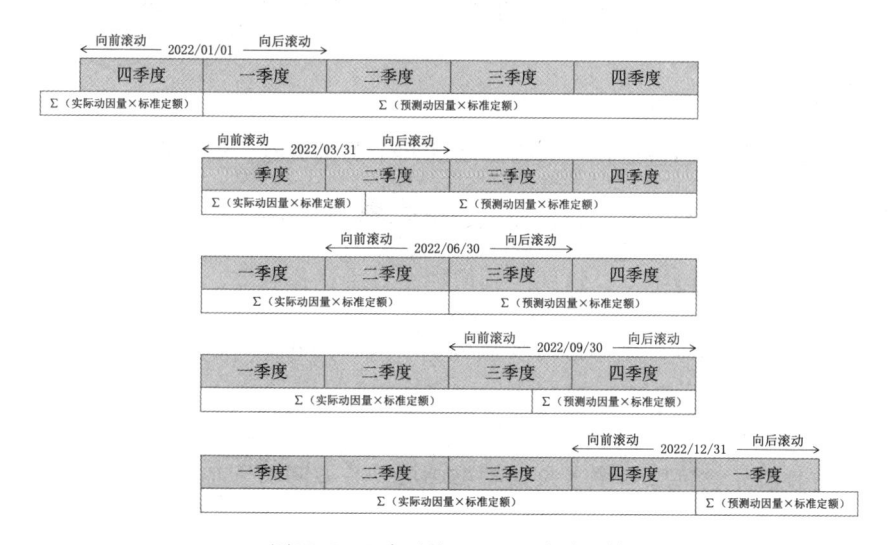

向前滚动 2022/01/01 向后滚动				
四季度	一季度	二季度	三季度	四季度
Σ（实际动因量×标准定额）	Σ（预测动因量×标准定额）			

	向前滚动 2022/03/31 向后滚动			
	一季度	二季度	三季度	四季度
	Σ（实际动因量×标准定额）	Σ（预测动因量×标准定额）		

		向前滚动 2022/06/30 向后滚动		
	一季度	二季度	三季度	四季度
	Σ（实际动因量×标准定额）		Σ（预测动因量×标准定额）	

			向前滚动 2022/09/30 向后滚动	
	一季度	二季度	三季度	四季度
	Σ（实际动因量×标准定额）			Σ（预测动因量×标准定额）

				向前滚动 2022/12/31 向后滚动	
	一季度	二季度	三季度	四季度	一季度
	Σ（实际动因量×标准定额）				Σ（预测动因量×标准定额）

图13-3　B公司的"T+3"滚动预算

注：上图中的"预测动因量×标准定额"加上"固定成本"与"特定调整"，即为当期预算。

在预算调整的 n 月初，根据过去月份的实际动因量修正前期预算，依据未来月份的预测动因量调整后期预算。前期预算和后期预算之和，就是最新的中期预算。

通过上述理论阐述和案例讲解可以看出，优化后的"T+3"滚动预算可以较好地实现滚动预测的动静结合，解决传统滚动预算与市场和实际经营脱节的问题。若市场变化不大，则无须调整动因量，预算会稳定在某个固定值附近，有助于企业管理层对市场稳定性和经营做出预判；若市场变化大，则需要调整动因量，实现预算与市场实际情况相匹配。

财务的智慧分析判断+业务的智能生产制造

财务和生产制造是企业获得成功的两个关键支柱。财务部门负责资金管理、预算规划和财务报告，而生产制造部门则负责生产流程、产品质量和供应链管理。传统上，这两个领域在企业中运作独立，但随着信息技术和人工智能的发展，它们之间存在着更多的互动和整合的机会。在这个过程中，财务的智慧分析判断与业务的智能生产制造相结合，将为企业带来前所未有的竞争优势。本节将详细论述这二者之间的关系及其在未来企业中的重要性和应用。

1. 财务的智慧分析判断

传统的财务分析往往是基于历史数据进行的，对未来的预测和决策支持具有一定的局限性。而智慧分析判断则是利用大数据、人工智能等技术，对海量数据进行实时分析，为企业管理者提供更加精准的决策支持。主要技术及应用如下。

（1）大数据技术是实现财务智慧分析判断的基础。通过对海量数据的收集、存储和分析，可以挖掘出更多的潜在信息和价值。例如，通过分析销售数据，可以预测未来的销售趋势，为生产、库存管理等提供参考。

（2）人工智能技术可以进一步优化财务智慧分析判断的效率和准确性。例如，利用机器学习算法对历史财务数据进行训练和学习，可以自动识别异常数据和潜在风险，提高财务报告的准确性和可信度。

（3）可视化技术可以将复杂的数据转化为直观的图表和图形，便于管理者更好地理解和分析数据。例如，通过数据可视化工具，将财务报表、预算执行情况等数据以图表的形式呈现，使管理者更易于发现其中的规律和问题。

财务部门可以利用这些工具深入了解企业的财务状况，找到潜在的成本节省和增长机会。通过智能分析，财务部门可以改进预测模型，更准确地预测未来的财务表现。这对于预算编制和资源分配至关重要。企业也可以更有效地规划投资，降低不确定性。

决策机构与业务部门则可以通过智慧分析工具，快速获取精准的数据支持，缩短决策时间，提高决策效率。业务部门还可以通过对市场、消费者等数据的分析，更好地了解市场需求和趋势，优化资源配置，提高生产效率和盈利能力。

此外，智能分析工具还可以帮助企业识别和评估潜在的财务风险，如市场波动、汇率风险和供应链问题，有助于企业采取适当的措施来降低风险，并确保业务的稳健性。

2. 业务的智能生产制造

随着全球市场竞争的加剧和消费者需求的多样化，传统的生产制造方式已经无法满足现代企业的需求。智能生产制造则是利用先进的技术手段和管理理念，实现生产过程的自动化、智能化和柔性化。主要技术及应用如下。

（1）物联网技术可以实现设备与设备之间的实时通信和数据共享，提高生产过程的可控性和协同性。例如，通过物联网技术，企业可以实现生产线的自动化控制和智能化调度，提高生产效率和降低成本。

（2）云计算技术可以为智能生产制造提供强大的计算和存储支持。通过将海量数据存储在云端并进行处理和分析，可以实现生产过程的可视化和优化控制。

（3）人工智能技术在智能生产制造中发挥着至关重要的作用。例如，利用机器学习算法对历史生产数据进行训练和学习，可以提高生产设备的自主控制能力和生产效率。此外，人工智能还可以通过对市场、消费者等数据的分析，为企业的产品研发、市场营销等提供支持。

智能生产制造通过自动化和物联网技术，使生产流程更加高效和可控。机器人、传感器和自动控制系统的应用使生产线实现更高的生产率，减少了人为错误，提高了产品质量。

智能生产制造还允许企业实时监控生产过程。通过实时数据收集和分析，制造部门可以快速检测问题并采取纠正措施，从而减少生产中断和废品。这提高了生产效率和客户满意度。

利用智能技术，企业可以追踪产品的整个生命周期。这不仅有助于确保产品符合质量标准，还可以在产品召回时快速识别受影响的批次，从而降低了潜在的法律和财务风险。

3. 智慧财务与智能业务的集成

理论和实践之间的交叉点在于如何将财务的智慧分析与业务的智能生产制造有机结合起来，以实现更大的价值和协同效应。

首先，数据共享与决策支持。财务部门可以与生产制造部门共享数据，以支持更好的决策制定。例如，生产数据可以用于优化供应链管理，帮助财务部门更好地规划资金流动。

其次，成本控制与效益评估。智慧财务与智能业务在整合后，企业可以更好地跟踪生产成本，评估资源使用情况，并确定哪些生产过程需要改进。有助于提高财务绩效，并确保生产制造过程更具成本效益。

未来，随着技术的不断更新迭代，财务的智慧分析和业务的智能生产制造将继续发展。区块链、人工智能和机器学习等技术有望进一步增强这两个领域的整合和效能。

总之，财务的智慧分析和业务的智能生产制造是现代企业成功的关键因素。它们之间的整合可以为企业带来更好的财务绩效、生产效率和竞争优势。

第十四章　业财税一体化的财务共享

业财税一体化，是指将企业的业务活动、财务活动与税务筹划进行信息化、系统化的统一管理，通过信息化手段，如系统、平台等，将信息进行共享。再将业务流程、财务流程和税务流程进行融合统一管理，达到业财税信息共享传递的准确性、及时性、真实性、完整性。

业财税一体化的财务共享模式是现代企业经营管理的重要趋势之一，可以有效地提高企业的运营效率和决策准确性，降低企业运营成本和风险。

一个智能化无人工厂

随着企业管理的不断精细化，也由于大数据、数字化、人工智能、物联网等新技术的不断应用，事关企业经营交易环节与财务交易环节能够互通共融的系统日益受到企业的欢迎，即打通业务与财务环节是企业未来经营必须做好的功课。正是在这样的时代背景与时代需求之下，财务共享服务中心的特殊化版本诞生了。

所谓财务共享服务中心的特殊化版本,即业财税一体化财务共享服务中心,是对财务共享服务中心的技术性升级,虽说到不了革命性的程度,但却是企业向未来建设智能化无人工厂的关键一环。

业财税一体化财务共享服务中心的本质是,基于新一代的信息技术、数字技术、智能技术、物联网技术等,实现对企业更广泛业务的无人化,并对企业的业务流程、财务体系、税务实务和商业模式进行颠覆性升级。

以采购业务为例,通常生产所需的直接物料的采购由ERP(企业资源规划)系统完成,但非直接物料(商旅服务、办公用品等)的采购通常不是由ERP系统完成,因为这部分采购不在系统内,因此经常处于"失控"状态。但非直接物料的成本费用并不低,有必要将其纳入系统,企业也迫切希望实现BSM(企业支出管理)。加之"金税四期工程"上线,企业税务管理越发敏感,线下的开票、收票、验票等工作逐渐上线,通过OCR(光学字符识别)、财务机器人等数字技术与税控信息进行比对、集成。

仅一项采购业务就可以看出业财税一体化财务共享服务中心的诞生是必然的,并将成为企业的业务中心和数据中心,为企业内所有人员提供数据支持。

但业财税一体化财务共享服务中心的体量相当庞大,属于企业的底层系统。为了将数据信息更加便捷地传递给企业人员,在业财税一体化财务共享服务中心的基础上搭建一个业财税一体化智能共享平台,里边存储着企业最常用、调用率最高的数据信息。如果将企业比作一台电脑,那么业财税一体化财务共享服务中心是硬盘,业财税一体化智能共享平台则是内存。企业所有由业务活动产生的数据都存储于业财税一体化财务共享服务中心（硬盘）里，但最常被调用的信息则存储于业财税一体化智能共享平台（内存）中，这样调用信息就更加便利了。至于哪些信息会被存储于业财税一体化智能共享平台中，由调用频次决定。

业财税一体化智能共享平台将共享从传统财务会计的记账、算账等业务向业务端延伸。即业财税一体化智能共享平台从根本上优化了财务管理模式，为企业建立起在管理会计指导下的业财融合的财务共享体系（见图14-1）。

商旅	采购	资金	应收	应付	费用报销	资产	税务	总账	共享运营
形成管理	申请	资金派工	应收记账	应付记账	申请	资产编码	影像采集	推销	派工
申请	下单	支付建议	开票申请	发票录入	借款	采购申请	进项发票	预算	抢单
预订	收货	审批/支付	账票审核	账票审核	报销	转移	销项开票	凭证处理	双屏审核
对账	对账	冻结/拆分	收款确认	付款申请	还款	报废	验真/验重	调账	制证
报销	结算	资金对接	合同管理	付款确认	预算控制	盘点	专票认证	关账	绩效

平台底层	主数据	流程引擎	会计引擎	规则引擎	预算引擎	智能AI	图像语音	知识图谱	RPA（机器人流程自动化）	多共享中心
										分级授权

图14-1　管理会计指导下的业财税一体化智能财务共享体系

注1：本图的业财税一体化智能财务共享体系并非适用所有企业，各企业需要根据实际情况具体架构。

注2：本图中各分支下设的五项并非固定，企业应根据实际情况设定具体项目个数（并非必须均等）与内容。

业财税一体化智能共享平台是利用互联网技术将财务管理重心前移到交易（业务）环节，并在交易管理过程中收集交易和税务的全量数据，还要在交易（业务）发生前和发生过程中对数据质量进行实时监控。当企业搭建完成并实际运行了业财税一体化智能共享平台后，就会发现原来的很多工作是不需要人工完成的，机器完全都可以操作。随着业财税一体化智能共享平台的深入发展，建成智能化无人工厂的想法将不再是梦。

总之，业财税一体化智能共享平台是现代企业管理拥抱"互联网+"和大数据技术的全新模式。企业利用数字化思维实现与内部员工、外部供应商与客户、税务机构的连接，变"以管控为核心"为"以服务为核心"。

透明化交易中的在线财务部门

业财税一体化智能财务共享平台通过数字化改造，重构了企业的业财流程，回归以交易管理为核心的企业运营本质。

在智能财务共享平台体系之下，财务人员实现了财务和税务自动化，更多关注业务分析、风险控制、机遇识别等有价值的工作。业务人员也摆脱了报销、报账等不增值的业务，将精力完全放在交易申请、货物采购、交易跟踪等业务环节上（见图14-2）。

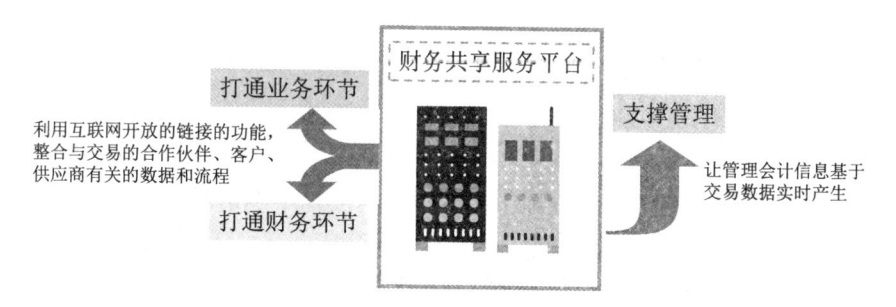

图14-2 智能财务共享的前后打通与支撑

财务共享服务平台集中了海量结构化、规则导向、可重复的工作任务。例如，在财务结算流程中，通常有十几个、几十个，甚至一些企业居然有超过百个需要执行的小任务，且任务之间相互关联，只能一步一步地执行，严重耗费企业人力，产生的多是负效率。财务共享服务平台利用RPA（机器人流程自动化）系统，将财务共享服务中最烦琐、技术含量最低的工作自动化。关于这一点，在第十一章的"将财务共享服务中最枯燥的工作机器人化"小节中有过相关阐述。RAP系统重新定义财务工作的属性如下。

（1）永动机属性。可以全年无间隙地工作，24小时×365天。

（2）超效率属性。效率相当于人工效率的15倍（最低值）。

（3）零错误属性。可以达到指定环境下零错误率的稳定工作状态。

（4）低成本属性。成本可降至人工执行的1/9左右。

（5）非侵入属性。机器配置在当前系统和应用程序外无须改变任何应用技术。

RPA系统可以用极致时间完成耗时且重复的工作，释放了人力以执行增值性工作，但这并非财务共享服务平台的唯一优势。只有在财务处理中更多地实现自动化，才能建立透明化交易，这是财务共享服务平台的另一优势。

透明化交易中的在线财务部门是利用互联网技术和信息技术，将财务管理业务流程化、透明化，实现网络办公，以提高工作效率和实时了解公司经营状况。

首先，加强信息网络系统建设和开发应用软件，将先进计算机技术与传统会计结合起来建立新型信息化体系。可以通过利用 ERP 等系统实现财务数据的实时共享，提高工作效率。

其次，将财务管理与互联网相结合建立企业内部网，实现网络办公。使得办公更加方便快捷，尤其对于远程办公或在线协作而言，网络办公无疑提高了工作效率。

此外，通过互联网平台把财务管理流程化、透明化，企业管理者能够及时了解到公司的经营状况。有助于增强决策的科学性和及时性，同时也有助于增强企业的透明度，提升企业的社会形象。

总的来说，透明化交易中的在线财务部门是互联网技术和信息技术带来的全新机遇，它改变了传统财务管理的模式，使其更适应新的经济环境。同时，也需要注意到其中可能存在的挑战，如信息安全问题等。

企业的一站式支出管理平台

随着互联网、大数据、人工智能等技术的应用与普及，各类前所未见的营销方案层出不穷，为企业业绩提升带来了明显的效果。但营销效果越好，后端的生产、采购、运营的压力就越大，毕竟供给侧的顺畅运营关乎企业的健康发展。

随着企业跨品类、跨行业合作越来越频繁，企业的产品品类不断增加，导致所需采购的品类也不断增加，采购模式更加多样化，这就要求采购管理体系具备相当的灵活性和可扩展性。采购管理与企业整体管理密切相关，在实现降低采购成本的同时，必须兼顾财务、税务的实时协同，因此，企业供给侧的采购管理体系必须与企业发展同步。

企业采购管理的最早阶段是物资采购，即企业生产需要什么，采购部门就去采购什么，需要多少就采购多少，注重生产计划响应和采购执行结算，关注企业内部的协同。这一阶段持续的时间很长，从公司诞生起就出现了。

采购发展的第二阶段是生产物资的战略采购，增强了寻源管理和供应商管理，将采购上升到辅助企业战略实施的高度。这一阶段让采购工作走向了高峰，但在数字化时代，企业需求越发深度化、多样化，这个阶段的采购管理与第一阶段的采购管理一样，都不再适用企业经营了，企业需要打造出更具整体性、一站式的采购管理体系。

这就是本节要详细阐述的一站式支出管理平台的建立，即采购发展的第三阶段——采购共享阶段。这个阶段的采购共享方案更加贴近今天企业的管理需求，强调加强费用和复杂采购支出的管控及和供应商的协同，覆盖全品类，从采购到支付的全流程，同时解决了采购部门的专业需求和企业支出管理需求的双重难题。

企业需要把所有品类全部纳入采购共享平台中去管理、分析和控制，让采购流程更加顺畅，应对市场变化更加敏捷（见图14-3）。

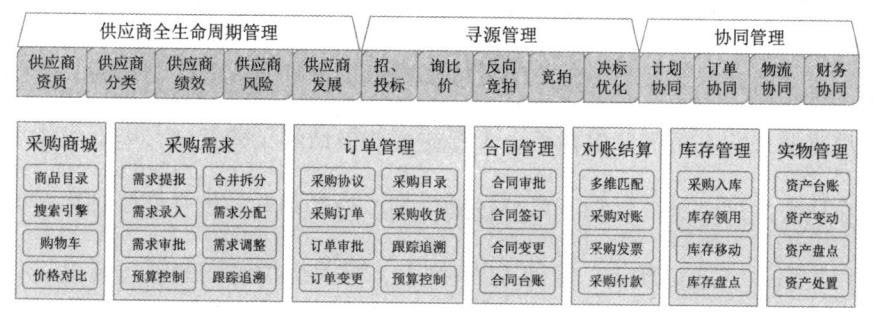

供应商全生命周期管理				寻源管理				协同管理			
供应商资质	供应商分类	供应商绩效	供应商风险	供应商发展	招标、投标	询比价	反向竞拍	竞拍	决标优化	计划协同	订单协同	物流协同	财务协同

采购商城		采购需求		订单管理		合同管理	对账结算	库存管理	实物管理
商品目录		需求提报	合并拆分	采购协议	采购目录	合同审批	多维匹配	采购入库	资产台账
搜索引擎		需求录入	需求分配	采购订单	采购收货	合同签订	采购对账	库存领用	资产变动
购物车		需求审批	需求调整	订单审批	跟踪追溯	合同变更	采购发票	库存移动	资产盘点
价格对比		预算控制	跟踪追溯	订单变更	预算控制	合同台账	采购付款	库存盘点	资产处置

图14-3 采购共享平台

注1：本图的采购共享平台并非适用所有企业，各企业需要根据实际情况具体架构。

注2：本图中各分支下设的四项并非固定，企业应根据实际情况设定具体项目个数（并非必须均等）与内容。

结合图14-3分析，可以将采购共享平台总结为五大价值：

（1）简化价值。简化采购共享系统，为采购人员建立统一的采购门户，缩短在系统上花费的时间。

（2）整合价值。把第三方资源整合到采购共享平台上，如第三方电商平台、咨信平台等资源。

（3）自动化价值。从传统的采购订单、审批流程到对账、核算，全部引入先进的技术支持，如机器人技术，实现采购的高度自动化。

（4）风控价值。在财务、资金等环节整合第三方资源做智能风险管控。

（5）行业化价值。通过具体的行业化应用，使业务管理范围更广，颗粒度更小。

采购共享平台是一站式整合的平台，把采购管理全部纳入平台，将很多断开的环节全部连接上，再将实时数据反馈至采购共享系统，再辅以供应商管理、寻源管理等，打造出"云+端"的资源共享与协作平台。

一方面，采购共享平台的前后端都可以提供电商式的购物体验，采购人员与非采购人员都可以在平台上提交采购申请和采购意向，经上级领导的在线批准后，系统自动下单、自动付款、自动采购。供应商管理环节则运用物联网、虚拟现实、智能AI等技术，对关键供应商的现场情况进行管理和监控。另一方面，供应商自助上传对账单，完成智能对账和差异预警，提高对账环节的效率和准确率。同时，采购共享系统与税务系统打通，实现自动发票验真和税务规划的相关工作。

采购共享平台可以实现费用类商品库存管理、资产事务管理和复杂采购管理等工作，满足了我国企业深入应用采购信息化的需求。

税负管理的共享化发展

在大数据、云计算、区块链、物联网、人工智能、虚拟现实等新概念新技术的推动下，工业社会原有的一些基本概念正在发生深刻变化。为适应时代的发展，国家税务总局发布了《"互联网+税务"行动计划》，将信息时代的创新成果与税收工作深度融合。标志着我国税收征管和涉税风险管理体系正在加速变革，其中"营改增""金税四期""多证合一""个人税号""国地税联合稽查""办税人员实名制"等举措纷纷出台，也预示着我国税务机关正通过技术手段弱化属地管理，构建一体化税务征管体系，完善涉税闭环管理。

与此同时，企业的税务管理也应借助信息技术和数字技术的发展，向共享化转型，构建税务共享服务中心，实现低成本、高效率、低风险、高标准的企业税务管理目标。

税务共享服务中心是运用信息数据网络化思维，打造从企业内部税务活动延伸到企业外部业务合作方与税务机关征管平台的税务信息共享路径，承载企业的全税种、全主体、全业务、全流程的税务管理工作，建成共享化、自动化、智能化的新税务管理体系。

所谓共享化，是通过整合企业内部、外部的资源，再通过网络化平台，实现税务管理从线下到线上、从分散到集约的转变，从而达到税务资源配置的帕累托最优解。

所谓自动化，是立足于企业内部税务管理的信息系统，以期实现全部涉税业务的系统化、自动化管理，提高税务筹划能力，降低涉税风险。

所谓智能化，是指在数据智能采集、智能审核、智能凭证、自动纳税申报等方面，税务机器人将得到普遍应用，人工智能与云计算、大数据的技术结合，将与税务共享实现融合，大幅提升企业的税务管理效率。

税务共享服务中心是以企业涉税业务集中管理为核心，通过信息共享、IT共享、服务共享和知识共享，实现企业与税务机关的深度连接。因此，税务共享服务中心需要包含税金全生命周期管理，具体分为六大管控决策和五大共享体系（见图14-4）。

管控决策					
税务共享体系	税务共享体系	税务共享体系	税务共享体系	税务共享体系	税务共享体系
税局接口 查验接口 认证接口 税控接口 申报接口	**发票接收** 发票识别 增值税普通发票查验 增值税专用发票查验 增值税专用发票认证	**发票交付** 开票申请 纸质发票开具 电子发票开具 纸质发票管理	**税金服务** 增值税管理 所得税管理 其他税种管理 税务档案、知识库		**系统接口** ERP（企业资源规划） 财务共享 供应商管理门户 资金系统

图14-4 税务共享服务中心

注1：本图的税务共享服务中心并非适用所有企业，各企业需要根据实际情况具体架构。

注2：本图中的六大管控决策是不可变项，而五大共享体系一般不可变，但每个共享体系之下的分项并非固定，企业应根据实际情况设定具体项目个数（并非必须均等）与内容。

税务共享服务中心从税基管理、税额计算、税金计提、纳税申报四个环节，实现税金管理的闭环管理。该中心支撑企业内部所有开具电子发票的业务，并能提供极简的开具功能。运用最新的人工智能技术，将人工处理票据的相关环节变成系统自动处理的环节，既避免了人工出错概率，又降低了企业管理成本。该中心还可以在企业内部查重，混合检查专、普票，降低企业的增值税风险，更为重要的是将风险管理由事后分析前移为事中监控和事前预防，实现了风险管理流程的标准化和风险控制点的指标化。

同时，由于税务政策不断地随着实际需要而变化，税务共享服务中心可以为企业税务人员提供政策法规知识库，避免税务政策变化带来的风险。

总之，税务共享服务中心承载企业的全部税种、全部主体、全部流程，实现了用企业一套系统、"一点式"管理税票相关业务的功能，满足了企业所有业务中心的税票业务需求。

业财税融合的国际视野

随着全球经济一体化的深入发展,企业面临的商业环境日益复杂,业财税融合成了企业持续发展和提升竞争力的关键因素。在国际视野下,业财税融合对于企业的重要性越发凸显。本节将从以下几个方面对业财税融合的国际视野进行详细论述。

业财税融合的意义在于以下几个方面:

◆提高企业运营效率。通过将财务、业务和税务三个领域协同整合,减少了企业内部信息传递和沟通成本,提高了企业的运营效率。

◆降低企业税务风险。通过将税务管理纳入企业财务管理体系,实现了财务与税务的有机衔接,降低了企业的税务风险。

◆优化资源配置。通过业财税融合,企业可以更好地统筹各项资源,实现资源的优化配置和价值最大化。

◆提升企业竞争力。通过业财税融合,企业可以更好地适应市场变化和政策调整,提升企业的竞争力和市场地位。

在全球范围内,许多国家和地区都在积极推动业财税融合的发展。以下是一些具有代表性的国家和地区在业财税融合方面的实践和经验:

美国是全球最大的经济体,其业财税融合的发展程度也相对较高。在美国,企业通常采用管理会计和财务会计相结合的方式,将财务管理贯穿于整个业务流程。同时，美国的企业普遍重视税务管理，将税务管理纳入企业财务管理体系，以降低税收成本和税务风险。

欧洲国家在业财税融合方面也取得了较大的进展。例如，德国的"工业4.0"计划旨在推动制造业的数字化转型，其中就包括业财税融合的内容。在英国，政府提出了"数字化英国"计划，旨在推动数字化经济的发展，其中也强调了业财税融合的重要性。

新加坡是一个国际化的商业中心，其业财税融合的发展也具有较高的水平。在新加坡，政府推动了一系列改革措施，包括建立全国统一的税收制度、推行电子税务申报等，以促进业财税融合的发展。

日本是一个注重细节和规范的国家，其在业财税融合方面也取得了一定的进展。在日本，企业普遍采用全面预算管理、精益管理等先进的管理方法，将财务管理与业务流程紧密结合。同时，日本政府也推出了一系列税收优惠政策，以鼓励企业加强业财税融合。

在全球经济一体化视野下，业财税融合已经成为现代企业经营管理的重要趋势。对于我国而言，业财税融合的发展还处于初级阶段，政府在加强政策引导，出台相关政策措施，鼓励企业加强业财税融合，推动数字化经济的发展。例如，给予税收优惠等激励措施，以鼓励企业实现业财税融合。随着企业转型升级和国际化发展的需要，业财税融合将对我国的启示如下：

（1）提高企业对业财税融合的认识和重视程度。在全球经济一体化视野下，业财税融合已经成为企业持续发展和提升竞争力的关键因素。我国企业应加强对业财税融合的认识和重视程度，将其纳入企业战略规划和管理，积极推动企业内部各个部门之间的协同合作，实现财务、业务和税务的有机衔接和深度融合。

（2）推进企业财务管理和税务管理的规范化、标准化。企业应建立健全财务管理和税务管理制度，规范财务管理和税务管理流程，推进财务管理和税务管理的规范化、标准化。同时，应注重财务管理和税务管理的信息化建设，利用先进的信息技术手段提高财务管理和税务管理的效率与精度。

（3）培养业财税融合人才。业财税融合需要具备跨学科知识和技能的人才支持。我国应加强对业财税融合人才的培养和引进，通过建立完善的教育培训体系，培养一批具备财务、业务和税务知识及实践经验的专业人才，为业财税融合的发展提供人才保障。

（4）加强企业内部控制和风险管理。业财税融合要求企业加强内部控制和风险管理，确保财务报告的准确性、合规性和透明度。企业应建立健全内部控制体系，加强风险管理和监控，避免财务管理和税务管理过程中的潜在风险和问题。

（5）推动信息化建设。信息化建设是实现业财税融合的重要基础。我国可以加大对信息技术的投入和支持力度，推动企业信息化建设进程。同时，可以引导企业利用信息技术手段提高财务管理和税务管理的效率与精度。

（6）推动企业转型升级和国际化发展。业财税融合将推动企业实现转型升级和国际化发展。我国应加强对国际先进经验和做法的学习与研究，结合国情和企业实际情况，推动企业的转型升级和国际化发展。同时，应积极参与国际间的合作和交流，与国际接轨，提高企业在国际市场上的竞争力和影响力。

总之，通过不断学习和实践探索，我国企业已经逐渐具备了国际视野的业财融合思维，采用更适合企业发展的业财融合路径，可提高企业的运营效率和经济效益，增强企业的市场竞争力和市场地位。

第十五章　国内企业业财融合成功案例探究

对于任何企业而言,业财融合对于经营的优势都是可见的,但真正意义上利用业财融合去帮助企业完成对从模式到理念的优化、打造长期发展价值,是摆在每个企业面前的高价值课题。在这一层面上,一些企业已经走在前边,助力企业在长远发展中持续占据行业优势,并拥有更强的抗风险能力。本章就通过具体案例,将业财融合的卓越追求转化为推动发展驱动力的实践,为中国企业治理水平优化打造有借鉴意义的样本。

海尔:从财务共享到业财融合

海尔集团在发展过程中,经营业绩提速非常快,分公司遍布世界各地,但在财务管理方面却未能跟上经营发展的脚步。随着集团规模越来越大,财务管理滞后,制约企业发展的情况就越发明显。最主要的问题包括但不限于:财务核算标准不统一、获取财务信息过于复杂、总部获取子公司财务信息耗时过长、信息获取效率过低、信息获取成本过高、信息获取时效性很差等。这些"过高""过低""过长""很差",给企业经营决策带来很多负面影响。

为了解决这些问题，海尔在2006年开始推行财务管理部门的彻底变革，将财务管理分为3个模块。但在实施了大半年后，虽然较之前有了进步，但相对于世界先进企业的财务管理仍然存在极大的差距。

2007年5月，海尔提出了全球化战略，明确了"规划未来，引领双赢"的战略定位，财务管理改革也瞬时进入了2.0阶段。彼时海尔决定以"集中的更集中，分散的分散"为原则，架构财务共享服务中心，同时推出"人单合一"的业财融合模式。下面，从三个方面对海尔实施的业财融合路径进行研究。

1. 财务共享服务的实施架构

海尔在全球价值信息系统内创建了自己的财务系统，统一了总部与分公司共用的专用会计科目表。

海尔的财务共享服务协议约定了交易与协作的各方需要承担的责任和义务，并约束了会计处理时间与质量要求，还对必然会涉及的收费标准和付款方式做出明确规定。与其他世界级企业的财务共享协议不同的是，海尔对财务共享服务中心的成员单位（即企业）业务部门与财务部门的权力和义务做出了明确的界定，大幅降低了不必要的纠纷。

海尔通过财务共享服务中心建立了10大类共120个标准化子流程，服务范围涵盖了全世界上千家法人公司，以动态获取财务信息进行实时分析与反馈，以"云＋端"的管理模式将会计资源集中到财务共享服务中心进行集中管理与共享。

2. 财务职位再定位

在实施财务改革之前,海尔共计约有1400名财务人员,其中,财务管理人员约300人,会计核算人员约1100人;在实施财务改革之后,海尔的财务人员削减到约1000人,其中,负责开展成本管控预算、内部控制、提供资金及业务支持的增值性财务管理人员约800人,负责非增值性会计核算的财务管理人员约200人。

很明显,海尔重新界定了财务部门的职能,将财务管理人员划分为增值性和非增值性两类,通过对财务人员各项工作职能做出新的规定,按照需要匹配岗位,推动财务人员主动进行供给侧结构性改革。

3. 打造一个利益体

在业财融合模式下,海尔对财务人员进行了精细化管理,从业务、共享、专业三个方面进行职能区分(见表15-1)。

表15-1 海尔的三类财务人员的具体职能

财务人员类型	财务人员具体职能
业务财务	深入业务部门,协助业务团队对市场需求、市场总量做出全面了解,并对财务状况进行分析,现实差异,为事后分析提供参考
共享财务	对各种交易进行集中处理与风险管控,对各类财务信息进行高效传递
专业财务	创建专业的财务模型,针对不同的业务打造专业的解决方案

海尔采取"人单合一"模式,打造一个利益体,让每个财务人员与业务订单相融合,切实提高员工的价值创造能力。

海尔还打破了传统的科层组织结构,构建了以小微团队为基本利润中心的扁平组织结构,依托财务共享服务中心促使各类信息实现无障碍共享,使利益相关方可以更高效地传输各类信息。

万科：基于数据共享的业财融合之路

万科涉及商业地产、物流地产、长租公寓、教育等多个领域，业务范围覆盖全国上百座城市。对于万科这种资金密集型企业，一定具有项目成本高、资金周转慢、支付方式烦琐、内部结算频繁、资金管理复杂等特点。可以看出，这些特点若不能得到良性化解决，就会由特点变为缺点，进而变成拉低企业价值的糟点。且由于市场经济中财务风险复杂多变，内外部的紧迫状况，都迫使万科必须通过财务转型解决显性的和隐性的经营风险，并推动企业的长期稳定发展。

2012年11月，万科正式启动财务共享服务中心建设，利用信息技术、数字技术和网络平台为企业提供远程会计业务处理服务，并集中对上线单位（即企业）的财务业务数据进行处理，完善风险管控体系，创建能够为一线分公司提供业务和管理服务的管理平台，推动企业运营效率提升。

万科的财务共享服务中心整合了大量的业务和数据，为一线分公司提供财务管理服务，从集团总部层面推进业务与财务的融合，让财务走向信息化、数字化，并利用业务大数据表达财务。对万科而言，推进财务共享服务中心建设是提升财务管理水平，助力财务业务实现信息化发展的重要举措。

为充分发挥财务共享服务的作用，适应财务管理变革，企业可以采取以下四项措施，同时员工应对变革也必须有正确的方式。

（1）财务标准化，管理流程化。万科构建出适合自身发展的财务共享服务中心，促进了万科财务制度的完善，以财务管理的标准化为业务提供财务支持。同时，在统一的数据库和信息系统中集中设定财务管理流程，并安排专人负责对数据库和信息系统进行管理。

（2）加强管控，避免内部出现管理"黑洞"。万科的财务共享革新，利用信息化技术进行业务流程处理，整合财务共享服务中心的数据，使财务人员必须严格按照标准完成工作，有效提高了财务工作的规范性。同时，财务共享服务中心还辅助凡客通过日常审核机制，及时、准确地找出付款违规等问题，并进行处理。

（3）智能化审单，提升共享效率。万科利用"金蝶 EAS 信息系统"，打造出以信用等级为依据的审核机制，以智能化共享为核心的审单与费用报销流程，提高了财务共享服务中心的运行效率。

（4）员工个人能力提升，以应对变革。万科实施财务共享服务需要重新进行机构设置、人员配置与岗位职责调整，为变革提供人力资源方面的支持。但"财务共享服务"对于员工而言，是从未接触过的新概念，因此必须帮助员工转变观念，积极了解与学习财务共享服务的相关知识和技能，接受并推动自身岗位职责的转变，主动参与变革。

万科围绕数据共享，打造出基于大数据的财务共享服务中心，实现了对业务数据和财务数据的高效分析与充分利用。通过财务共享服务中心驱动财务管理服务向业务前端延伸，实现了业财统一处理。

华为："控风险、促经营、支撑业务成功"的价值整合者定位

华为是全球领先的ICT（信息与通信）基础设施和智能终端提供商，业务覆盖全球170多个国家和地区，服务全球30多亿人口的公司，在2022年度营收6000多亿元。

是什么原因让华为在被美国列入实体清单持续打压的情况下，仍能保持良好的运转？其独特的华为财经体系功不可没，支撑了华为业务在全球高速、稳健地发展。

所谓华为财经体系，是打通业务战略到财务结果，实现业财融合。下面，将详细解读华为是如何让财务融入业务，助力业务长期有效增长的？

1. 让财经组织成为价值整合者

"把数字世界带给每个人、每个家庭、每个组织，构建万物互联的智能世界"，是华为2018年定义的企业愿景。在此框架下，华为财经体系的目标是提供能够支撑决策的高质量的财务信息和解决方案，成为实现财经"控风险、促经营、支撑业务成功"的价值整合者。为了实现价值整合者定位，华为依据三个原则建立财经组织。

（1）面向业务。华为看业务需要来设置组织，如果业务既重要又复

杂，就加大人力投入，在组织上给予保障；如果业务符合不重要或不复杂其中之一，则适当缩减人力；如果业务既不重要也不复杂，则考虑砍掉组织中的这部分。例如，2C端业务，要求必须成立能够快速响应外部环境、响应业务需求的组织。

（2）面向客户。2B业务的决策模式与2C业务不同，需要组织上速度的保证，质量位居次要。例如，中国移动公司是华为的大客户，华为专门设立了针对中国移动公司的中国移动财经管理部。

（3）面向场景。即面向商业场景应用的地方，即"哪里有业务，哪里就有财经"。例如，华为在各代表处、地区部设立财经组织。

2. 把财经能力建在流程上

华为对于企业内部业财融合的要求，是业务人员要懂财务，财务人员要懂业务，形成"全营一杆枪"的混凝土式体系。但华为要达成"力出一孔"，并实现"利出一孔"，还必须适配业务与财务高效运营的财务流程架构。那么，华为是如何将财经流程嵌入业务组流程中，实现业财融合的呢？

以财务嵌入IPD集成产品开发流程为例，一共分为五个阶段（见图15-1）。

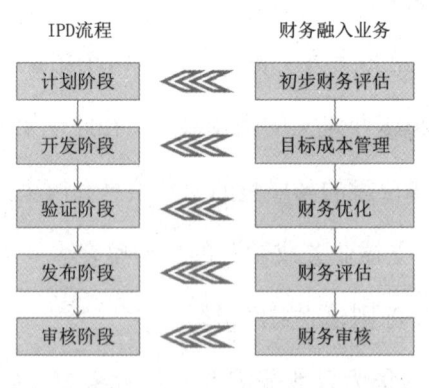

IPD流程	财务融入业务
计划阶段	初步财务评估
开发阶段	目标成本管理
验证阶段	财务优化
发布阶段	财务评估
审核阶段	财务审核

图15-1 华为IPD流程的业财融合路径

（1）计划阶段。财务对项目进行经济可行性审查，判断项目的盈利计划，并输出初步的财务评估。

（2）开发阶段。财务要分析项目成本构成，做出目标成本的财务评估。并且要跟踪项目的成本管理，进行过程动态监控目标成本变化。

（3）验证阶段。财务要关注与审视项目目标的达成情况，分析、回溯项目开发费用的预算执行情况。

（4）发布阶段。财务要跟踪项目的经营分析与指标监控，输出盈利状况、成长性、创新能力等，全方位协助管理团队掌握市场、生产、服务运作情况。

（5）审核阶段。财务根据计划阶段和开发阶段制定的目标成本以及业务计划，审核是否已经实现。

3. 财务监管业务规范

财务监管的目的是支撑业务有效运作和防范财务风险，实现价值创造。目前，华为通过三重防线机制监管整个企业的财务风险。

（1）点、线、面/场的立体监管。"点"防御的责任主体是业务主管/流程Owner，负责控制运作风险；"线"防御的责任主体是内控及风险监管部门，负责拉通管理预防隐性风险；"面/场"防御的责任主体是内部审计部，负责独立评估和事后调查。

（2）资金、账务、CFO的组织三层审结。资金的日清日结，确保资金流动源于账务处理；账务核算，账务处理源于真实业务；CFO的独立体系，对业务决策形成现场制衡。

（3）纽约、伦敦、东京的风险控制中心三角联动。纽约风控中心负责对宏观经济形势进行预判；伦敦风控中心负责评估财务策略和架构；东京风控中心负责把管理做到最小经营单元。

总而言之，华为财经组织经过20年如一日的持续变革，从"落后"走到了"先进"，又从"先进"走到了"世界一流"。华为已经通过持续的业财融合变革，实现了业财的战略转型和资源的全球有效配置，构筑了可持续的组织能力和发展能力。

京东：迈向"业财一体2.0"，供应链金融成"关键先生"

数字化时代，财务"数豆子"的时代已然终结，财务部门与业务部门的深度融合成为关键。麦肯锡认为，未来的财务应是企业管理层和投资人的"眼睛"，帮助企业"看见"业绩差距、潜在经营风险和管理提升机会。而未来业财融合的基础之一就是供应链重塑，即供应链金融的深度介入。

京东认为，通过建设财务共享中心，"业财融合1.0"已实现，供应链金融的深度介入，使其成为"财务融合2.0"阶段的核心议题。

关于供应链金融，中国CFO发展中心主任罗良川表示："供应链金融正成为连接销售和财务的有效方式，可以实现业财融合，帮助业务增长。此外，通过供应链金融，也让财务部门由价值守护部门变成了价值创造部门，为公司创造更大的利益。"

以供应链金融科技赋能京东自身财务管理为例，在京东旗下的 B2B 采购平台上，不只有普通消费者"买买买"，还有许多企业进行集中采购。因为完全是采购方的自助行为，因此过程中采购方的需求是零散的、高频的。在这种情况下，若仍采用传统的现款结算方式会给买卖双方都带来压力，采购方的资金周转会感到压力，销售方也不希望应收账款占据资金流太过，因此买卖双方都迫切希望有信用的采购方式（因为零散的购买行为一般不会对购买者的资金造成压力，因此不对购买方做单独讨论。当然，大额购买也可能对购买者造成资金压力，可以参考对采购方的讨论）。

京东为了帮助购买方 / 采购方和销售方解决账期与应收账款的问题，开发了"京东企业金采"，目的是为在京东平台上采购的企业提供"先采购、后付款"的信用采购服务（针对个人购买者的大额购买行为，京东则推出"京东白条"支持个人"先采购，后分期付款"的信用采购）。

"京东企业金采"结算便捷，账期灵活，且支持信用额度循环使用，满足了供需双方的现金流需求：一是帮助采购方解决了采购环节需要垫资、额度不足的困扰；二是通过保理融资的方式，帮助销售方实现快速回款，强化现金流。

可以说，"京东企业金采"是京东供应链金融科技全链路产品的代表之一。但京东供应链金融科技全链路产品并不只有这一款产品，除了上文所提到的"京东白条"外，还有服务上游京东自营供应商的"京保贝"，服务外部产业下游客户的"采购融资""动产融资"等。这些产品均有效助力了京东自身的财务管理与业务增长，2023 年，京东在自营商品 SKU（库存单位）超过 1000 万元的基础上，库存周转天数仅 30 天左右，处于世界级领先水平。

如今，京东供应链金融科技基于服务内部生态的需要，以供应链金融为杠杆，助力更多实体企业实现更深度的业财融合。在数据分析、智能财务、决策赋能已经成为未来业财融合主战场的情况下，京东供应链金融科技正在深化自身服务内部的生态积淀，并加强对外输出"数智供应链＋供应链金融"的双联动模式。通过京东供应链金融科技平台，助力企业数字化升级，以及稳定产业链下游的链属关系，反哺助力产业链促活增效，构建核心竞争力，实现业务增长。

瑞幸：获评"ESG创新实验榜"区块链业财创新奖

在由上海报业集团指导，财联社主办的"2022财联社第五届投资峰会"上，瑞幸咖啡荣获"2022鲸潮奖·年度业财透明创新企业奖"。

为主动完成与历史的切割，推动公司重回正轨，2020年，瑞幸启动了全盘性、根本性改革。到2022年，推行深度利用移动互联网与数据技术支撑公司快速转型，围绕核心业务板块展开精细化重构，并创新性地引入区块链技术进行业财数据管理。

从瑞幸发布的《变革与重塑2020—2022瑞幸咖啡公司治理报告》中可知，自2020年以来，为完成由"传统民营企业到现代企业治理模式"的快速转型，改变过去"战略分散、过度扩张"的问题，瑞幸针对前、中、后信息系统架构的不同运行原理与模式，开展了深度优化与全面革新，确保各业务模块之间的高效联动与协同增效。

事实上，此次获奖的区块链技术业财增信项目，只是瑞幸持续创新与根本变革的一部分。但是这部分过于精彩，助力推行走出"至暗时刻"。

在2020—2022年，瑞幸以财务管理系统和大数据平台为支撑，先后启动并推动做账自动化率的持续提升，不断优化底层数据结构，不断强化"周损益""日损益"、汇报等工作，区块链业财数据增信项目最大限度推进了业财一体化建设。瑞幸的区块链业财增信项目是借助国内自主研发的区块链平台"长安链"实施落地，主要分为两大阶段，具体内容如下（见图15-2）。

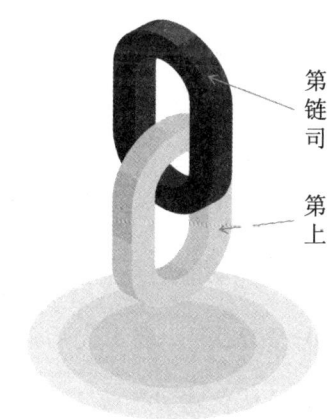

第一阶段，公司关键数据的上链存证。充分利用区块链分布式、多节点存储、真实不可篡改的特点，将公司核心业财数据上链，实现公司自身数据增信目的

第二阶段，利用相关第三方做交叉验证。引入第三方上链，通过多方数据共识验证，进一步强化增信效能

图15-2　瑞幸咖啡的区块链业财增信项目实施阶段

瑞幸创新性地引入区块链技术进行业财数据管理，以技术驱动提升业财体系透明度、优化公司治理水平等方面的积极实践。

业务前台直接面对消费者，为确保"人、货、场"核心业务板块对企业变革的有效支撑，实现从过度扩张向精细高效转型，瑞幸建立了有效链接用户与交易流程、物流供应和加盟门店的数字化闭环系统。

首先,在"人"的层面。瑞幸借助 CDP 2.0(超级客户数据平台)改变了过去"撒网获客"模式,采用精细化的消费者画像与实时数据分析技术,精确触达用户。由"广撒网"到精细化,既降低了获客成本,也能更好地满足消费者的多样化需求,瑞幸由此提升了销量与客群质量。

其次,在"货"的层面。瑞幸凭借智慧供应链系统的建设与完善,实现了从产品采购到门店订货再到仓储配送及协同决策的能力提升。当瑞幸的供应机制不断强化、全链路资源调配日渐强大、运输管控能力越发强健、仓储物流网络更加强效,其公司门店量的快速回升就成了必然。

最后,在"场"的层面。瑞幸在开店选址、合伙人招募到门店经营的每个环节引入算法技术与测算模型工具,实现了从门店运营、配送、客服等方面的全线上标准化运营管理。以统一标准精细化运营,有效降低了全生命周期中各环节的运营成本与各项管理决策的人力成本,使瑞幸全国门店都能轻松应对其产品上新节奏。

此外,在中台的支撑体系建设上,瑞幸借助前端职能的交互保障,提升业财体系透明度,强化业财增信。在 2020—2022 年,瑞幸先后启动"做账自动化率""损益数据及时性提升""业财一体化建设"等工作,加强准确性、提升及时性与智能化率,构建业务数据与财务数据闭环。

从表面上来看,瑞幸的"逆风翻盘"靠的是爆款产品的领跑、营销打法的出圈等。事实上,带领这家企业走出"低谷"的真正原因,是过去两年的根本性变革与企业重塑。瑞幸持续不断地优化治理体系,强化内控,实现从价值观到模式、策略和运营等层面的全盘性、根本性变革。

后　记

要想深入了解业财融合对于企业经营和企业管理者的重要意义，您需要完整阅读本书。本书涵盖业务与财务融合的重要性、如何通过业财融合实现更有效的业务管理与财务管理，以及更智慧的战略决策。本书详细讨论了业财融合的架构和业财融合的时间，帮助读者理解如何在企业环境中应用业财融合，以获得更大的竞争优势。

通过对本书的阅读，您可以明确地知道业财融合对企业经营的重要意义，即提高财务管理的效率与准确性，促进企业决策的科学性和灵活性。通过整合业务数据和财务数据，企业能够更加全面地了解其经营状况，有效分析成本和收益，为战略规划提供更可靠的依据。这种综合性的管理有助于优化资源配置，降低运营成本，并在竞争中保持灵活性。

同时，业财融合对企业管理者也有重要的意义。首先，通过整合业务数据和财务数据，可以为管理者提供更全面、更实时的业务洞察，使管理者能够更准确地评估企业绩效和财务状况，帮助管理者制定战略和调整业务方向，做出更具战略性的决策。其次，业财融合能够提高工作效率，简化决策流程，通过集成不同部门的数据，管理者可以更好地了解运营过程中的"瓶颈"和优化机会，从而更有效地利用资源。最后，管理者可以根据市场变化调整战略，迅速做出正确反应，因为管理者能够快速获取准确的数据，无须等待烦琐报告的生成。

总而言之，业财融合给企业经营管理的方方面面都带来了显著的正面影响，是企业发展过程中必不可少的一项机制。